NAPOLÉON Iᵉ

A PROPOS DE LA FRANC-MAÇONNERIE

UNE RÉPONSE

PAR Ad. CAILLÉ

Ancien chef de Bureau au Ministère de la Guerre
Officier de la Légion d'honneur.

FONTENAY

IMPRIMERIE L.-P. GOURAUD

1886

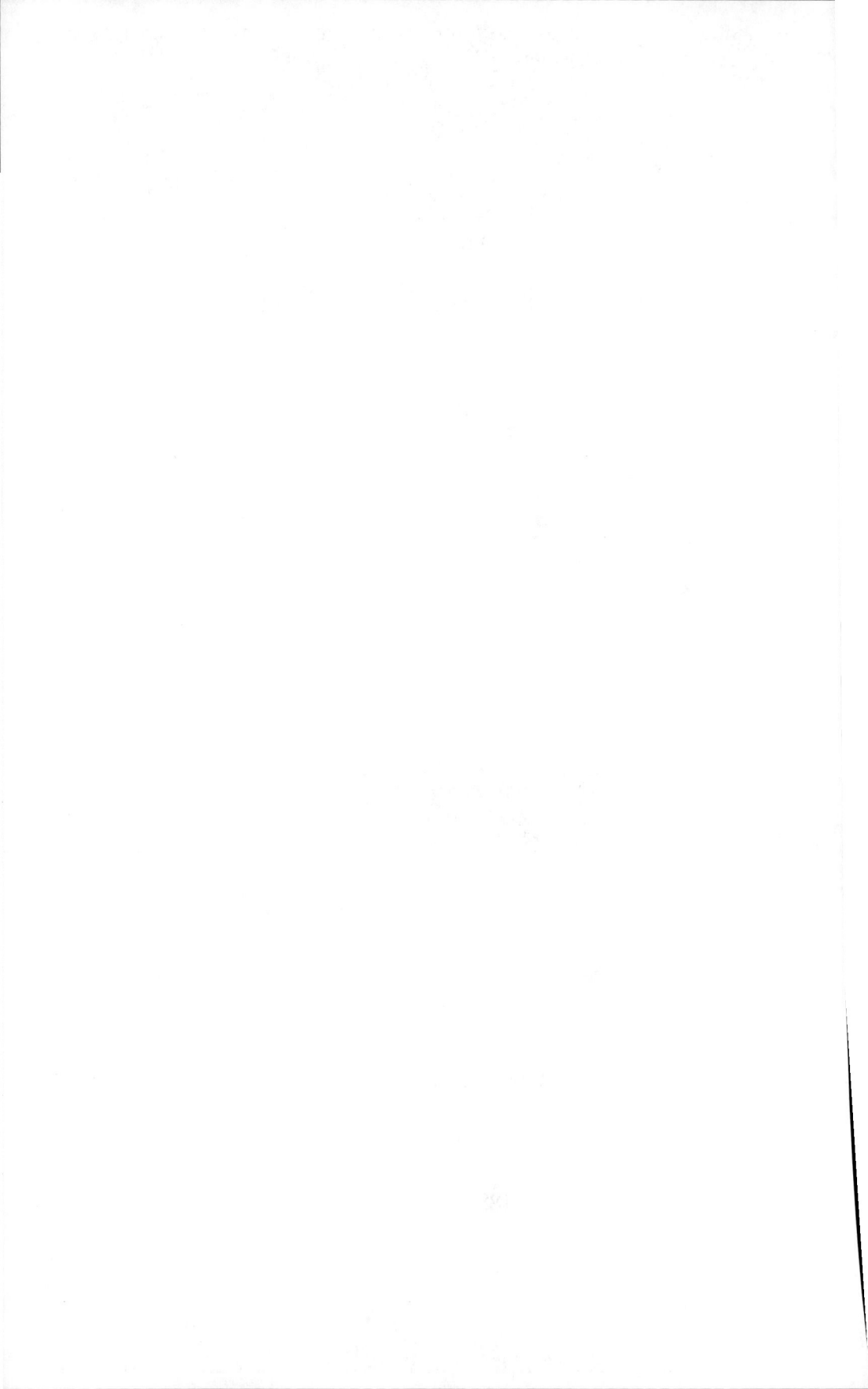

NAPOLÉON Ier ET LA FRANC-MAÇONNERIE

NAPOLÉON Ier

A PROPOS DE LA FRANC-MAÇONNERIE

UNE RÉPONSE

PAR Ad. CAILLÉ,

Ancien chef de Bureau au Ministère de la Guerre
Officier de la Légion d'honneur.

FONTENAY

IMPRIMERIE L.-P. GOURAUD

—

1886

NAPOLÉON Ier A PROPOS DE LA FRANC-MAÇONNERIE

UNE RÉPONSE

A *Monsieur* Eugène ROULLEAUX, *directeur du journal* la Vendée, *à Fontenay-le-Comte.*

Monsieur le Directeur et bon ami,

Nice, le 8 avril 1886.

Depuis le 7 février, la *Vendée* publie sous le titre : LA SECTE, VOILA L'ENNEMI ! un travail ayant pour auteur M. Guénebault, polémiste royaliste et catholique de l'école de la *Gazette de France.* C'est la contre-partie du mot et de la proposition de Gambetta. L'ennemi, pour ce dernier, était le *cléricalisme;* pour votre collaborateur, c'est la *Franc-maçonnerie.*

M. Guénebault estime et professe que la Franc-maçonnerie est la cause première et principale de la Révolution française; il voit son action comme ses principes dans toute cette révolution et son influence sur tous les hommes qui en ont embrassé et servi la cause. Il la dénonce comme une puissance essentiellement et nécessairement perturbatrice, antisociale, antireligieuse; il lui attribue des visées et des menées *infernales;* il s'efforce d'en faire un objet d'épouvante et d'horreur dans le passé, dans le présent et dans l'avenir. « Voilà, dit-il, la Secte » à laquelle la France, depuis bientôt un siècle, est » redevable de ses convulsions, de ses cataclysmes » périodiques, de ses guerres civiles, de ses ruines » morales et matérielles, et finalement de la déca-

» dence lamentable de toutes ses grandeurs. » *Inde mali labes.*

Pour mon humble part je ne crois pas, je nie même que la Franc-maçonnerie, en ce qui est la Révolution française, ait joué le rôle prépondérant et déterminant que M. Guénebault se plait à lui prêter. Considérée dans ses principes, dans son but, dans sa marche, dans ses résultats, la Révolution s'explique et se comprend sans qu'il soit nécessaire d'en subordonner l'origine, les développements et les conséquences aux principes et aux agissements d'une société mystique et idéologique, humanitaire et philosophique telle qu'était la Franc-maçonnerie aux approches de 1789; je serais même tenté d'ajouter, sauf certaines réserves quant à son esprit actuel en France, telle qu'elle a été depuis lors.

Je me hâte de dire que mon intention, en prenant la plume, n'est point de me poser en défenseur de la Franc-maçonnerie contre les virulentes attaques dont elle est l'objet de la part de M. Guénebault.

J'aurais laissé passer la thèse de votre collaborateur, sans y attacher de l'importance, s'il n'y eût fait intervenir, s'il n'y eût mêlé un nom et une mémoire qui méritent qu'on les respecte comme un patrimoine national. Ce que je ne lui pardonne pas, ce qui blesse mes sentiments comme ma raison, c'est la façon fantaisiste et haineuse dont il apprécie et juge le rôle et l'attitude, comme aussi la conduite de Napoléon Ier à propos de la Franc-maçonnerie.

Ami intransigeant que je suis de la vérité historique, admirateur ancien et persistant que je suis du génie militaire et civil, comme du caractère grandiose et généreux de celui qu'un républicain (Armand Carrel) a appelé *le plus grand des hommes,* dont un royaliste (Chateaubriand) a dit que *jamais souffle plus puissant n'anima l'argile humaine,* je tiens à protester contre ce qui me paraît être à la fois une diatribe et une mauvaise action.

Je dis *diatribe,* parce que les appréciations et les incriminations de votre collaborateur sont dénuées de toute modération comme de toute justice, parce qu'elles ont pour base et point de départ des arguments et des faits controuvés, dénaturés, torturés par un étroit esprit de parti qui est un anachronisme. — Je dis *mauvaise action,* parce que de pareilles injustices, criantes s'il en fût, et de si violentes injures dirigées froidement, sans provocation aucune, contre la personne et contre la vie de Napoléon Ier, blessantes pour ceux qui admirent ce grand homme, sont de nature à semer la discorde dans le parti conservateur, dont les impérialistes sont un élément essentiel, et j'ajoute, indispensable.

Faire de Napoléon Ier, d'un personnage qui fut aussi grand par l'intelligence que par l'esprit, qui ne releva que de lui-même et de son génie, qui n'eut que des ambitions hautes et vastes, qui fut le seul ouvrier de sa fortune, faire de cet homme, sans pair, le suppôt, l'agent, l'instrument, le protégé de la Franc-maçonnerie, est aussi singulier et aussi faux que d'attribuer à cette société une influence maîtresse dans l'origine et les événements divers de la Révolution. Telle est pourtant la double thèse soutenue par M. Guénebault. Voyons un peu ce qu'il en est.

D'abord, d'où vient la Franc-maçonnerie, et qu'est-elle ?

Il est difficile de dégager l'origine véritable et première de cette société des incertitudes et des ténèbres qui l'enveloppent. Il en est qui lui donnent une très haute antiquité, laquelle la rattacherait aux mystères de l'Inde, de la Grèce, de l'Égypte, comme ceux d'Eleusie, aux congrégations que formèrent les disciples de Pythagore, enfin à ces *collegia* ou *sodalia* d'ouvriers de divers états, de maçons particulièrement, qui existèrent à Rome sous la Royauté, sous la République, sous l'Empire. Ce ne sont là que des suppositions et des imaginations auxquelles manquent des preuves sérieuses.

Historiquement parlant, c'est dans la Grande-Bretagne qu'on peut saisir clairement et d'une façon certaine les commencements de la Franc-maçonnerie. On a tout lieu de croire qu'elle fut fondée dans la première moitié du x° siècle de notre ère, sous le règne et sous les auspices du roi anglo-saxon Athelstan ou Adelstan, petit-fils d'Alfred le Grand. Ce prince avait, comme son aïeul, le goût des constructions. Pour le satisfaire, il attira en Angleterre des ouvriers de tous les pays, de la France, de l'Espagne, de l'Italie, de l'Orient.

Ne se connaissant pas, étrangers les uns aux autres, ne parlant pas la même langue, ces ouvriers éprouvèrent le besoin de s'unir étroitement et fraternellement par les liens d'une association au moyen de laquelle ils pussent s'entr'aider. Il se trouva que le roi avait un frère du nom d'Edwin, qui aimait aussi les constructions et qui s'intéressait à tout ce qui se rapportait à l'art de bâtir. Ces dispositions de son esprit firent qu'il se mit en rapport avec les ouvriers étrangers et qu'il seconda leurs projets et désirs d'association. Il intervint et intercéda auprès du roi pour qu'il leur accordât, ce qu'il fit, l'autorisation de se donner des règles et des institutions d'assistance mutuelle. Comme ils n'admettaient parmi eux, pour apprendre et pratiquer l'art de bâtir, que des hommes *libres,* et qu'ils l'étaient eux-mêmes, ils prirent le nom de *francs-maçons.*

Edwin voulut être le grand-maître ou le suprême protecteur de cette association; comme tel, il convoqua, l'an 926, en assemblée générale, les frères maçons à l'effet de dresser et d'adopter des statuts obligatoires pour tous. Il existe encore, dans les archives de la grande loge de la ville d'Yorck, une copie en langue anglo-saxonne du règlement en question, lequel procède par commandements. L'un est ainsi conçu et libellé :

« Vous devez vous montrer serviables avec tous » les hommes, tant que cela est en votre pouvoir, » vous lier avec eux d'une fidèle amitié sans vous » soucier de savoir s'ils pensent autrement que » vous. »

Tels sont, concrétés en quelque mots, le but, la morale et la raison d'être de la Franc-maçonnerie, qui, d'*opérative* qu'elle fut dans ses commencements, devint, dans la suite, *spéculative,* et admit dans ses rangs, non pas seulement des bâtisseurs, mais des hommes de tous états et de toutes professions qui s'appelèrent *frères.*

Il serait intéressant, mais ce n'est pas ici le lieu, de suivre et de montrer les développements et péripéties par lesquels passa cette singulière institution pendant les siècles qui suivirent, et pendant lesquels elle se concentra dans l'Angleterre proprement dite et dans l'Ecosse, c'est-à-dire jusqu'aux premières années du xviiie. Je me bornerai à dire que les souverains de diverses races qui se succédèrent dans ces pays furent à peu près tous favorables à la Franc-maçonnerie, que plusieurs princes, non-seulement la protégèrent, mais voulurent encore être initiés à ses mystères et à ses pratiques. Les rois Henri VI et Henri VIII furent francs-maçons déclarés. La reine Elisabeth fût contrariée de ne pouvoir l'être à cause de son sexe. Toute la noblesse y était affiliée; elle l'est encore aujourd'hui.

Dans les premières années du xviiie siècle, vers 1720, la Franc-maçonnerie, restée jusqu'à cette époque exclusivement britannique, prit, sous l'impulsion d'un homme considérable de ce temps, Georges Payne, qui la réglementa à nouveau, un développement considérable et devint une puissance philosophique. Après avoir couvert de ses loges l'île où elle avait pris naissance, elle déborda au dehors, franchit la Manche, et, d'anglaise qu'elle avait été jusqu'alors, devint européenne. Ce fut le résultat d'une propagande des plus actives, entreprise sous les auspices de la grande loge d'Angleterre par des hommes, dont plusieurs éminents, appartenaient à la haute aristocratie. La doctrine maçonnique, qu'un illustre philosophe, Locke, avait commentée avec de grands éloges, séduisit les têtes les plus hautes et les plus fortes de cette puissante et intelligente aristocratie, et compta parmi ses adeptes des hommes tels que lord Bolingbroke et lord

Chesterfield. Ce n'étaient pas, on le voit, de petits compagnons, et l'on peut dire que de pareils *maçons* n'étaient pas des *goujats*.

La France, et c'était naturel : d'abord par sa proximité de l'Angleterre, ensuite par l'état des esprits, fut le premier pays de l'Europe où s'établirent et s'exercèrent la propagande et la propagation de l'idée et de l'institution maçonniques. On a dit qu'en 1720 des Anglais avaient créé une loge à Dunkerque. Ce qu'il y a de certain, c'est qu'un grand seigneur, appartenant à la noblesse écossaise, dont le père avait péri sur l'échafaud, victime de son dévouement à la cause des Stuarts, jacobite et catholique, fonda, en l'année 1725, une loge à Paris qui prit bientôt le titre de grande loge. Ce fut la loge-mère de la Franc-maçonnerie française, celle qui devait devenir le *Grand-Orient*. Il s'appelait lord Dervenwater et fut le premier grand-maître de la grande loge de France. Un autre noble personnage, de nationalité anglaise également, lui succéda. C'était donc une importation aristocratique, et, à en juger par l'opinion politique des importateurs principaux, royaliste et légitimiste. On m'accordera bien qu'il y a là quelque chose de piquant et de nature à embarrasser quelque peu, si leur siège n'était pas fait, ceux qui, comme M. Guénebault, estiment et écrivent que la Franc-maçonnerie a été vomie par l'enfer et répandue dans le monde en général et dans la France en particulier par le diable en personne.

Il y avait au XVIIIᵉ siècle coïncidence et concordance entre les principes et les doctrines de la Franc-maçonnerie et l'état des esprits et le courant de l'opinion en France. On peut dire que l'idéal et l'objectif étaient identiques de part et d'autre.

La Franc-maçonnerie *(spéculative masonry,* comme l'appelaient les Anglais) était une association essentiellement philosophique et humanitaire. Son programme, comme son but, étaient de faire entrer dans les mœurs et dans les habitudes sociales, sans exception ni distinction de pays, de mœurs, de religion, le culte et l'exercice de la bienveillance, de la fraternité, de la tolérance, de la charité. Elle n'admettait, moralement parlant, aucune démarcation de naissance, de nom et de couleur, de condition sociale, de religion, de nationalité entre les hommes. Elle acceptait toutes les religions ainsi que tous les genres de gouvernement; elle voulait la liberté la plus entière dans le domaine de la conscience et de la pensée; elle ne faisait pas et ne devait pas faire de politique.

Ce que voulait, ce que poursuivait la Franc-maçonnerie, la philosophie du xviiie siècle le voulait et le poursuivait, je devrais dire le rêvait également. A cette époque, l'idéologie humanitaire remuait et passionnait les esprits; la philanthropie et le sentimentalisme étaient tout à la fois une mode, un besoin, même une religion. La haute société, les classes dites libérales et dirigeantes, se piquaient de philosophisme et d'humanitarisme; la littérature, les arts, les sciences en recevaient et en portaient l'empreinte. Les propagateurs, les apôtres de ces doctrines, Voltaire, Montesquieu, Jean-Jacques Rousseau, Diderot, d'Alembert, Mably, et toute leur suite de disciples, d'imitateurs, de singes et de séides, se partageaient la faveur publique, l'admiration et l'assentiment de la partie libérale de la société. Au milieu d'une corruption ou d'une légèreté de mœurs singulières, la nature et la vertu avaient des autels et des adorateurs aussi nombreux que fervents. On était affamé, assoiffé, je pourrais dire affolé de philosophisme, de sentimentalisme, de naturalisme.

Tombant dans un pareil milieu la Franc-maçonnerie, importée d'Angleterre par des hommes de qualité, ne pouvait qu'être favorablement accueillie. Aussi devint-elle promptement à la mode ; il parut original et de bon ton de se faire admettre dans ses loges ou ateliers, de revêtir ses insignes, de se poser en *frères,* en *égaux,* alors qu'on appartenait de fait à un ordre social où tout était marqué au sceau séculaire de l'inégalité et du privilège. Ce fut, ne l'oublions pas, dans ce que l'aristocratie française comptait de plus élevé que la Franc-maçonnerie trouva le plus de crédit et ne tarda pas à recruter ses adeptes les plus nombreux et ses hauts dignitaires.

Après les deux nobles Anglais dont nous avons parlé, la grande maîtrise de la Franc-maçonnerie française ou de la grande loge de Paris fut attribuée au duc d'Antin, à ce Louis-Antoine de Pardaillan de Gondrin, qui fut le seul légitime et non adultérin des nombreux enfants de notre fameuse compatriote poitevine, Mme la marquise de Montespan, et qui a laissé dans les fastes de la haute courtisanerie un renom des plus éclatants. A l'exemple et à la suite d'un si haut personnage, vinrent, pour présider au gouvernement de la Franc-maçonnerie et en remplir les plus marquantes dignités, les représentants les

plus autorisés et les plus huppés de la noblesse.
Un comte de Clermont, de la maison de Condé, un
prince de Condé, un duc de La Rochefoucauld,
un duc de La Trémoille, un Rohan-Guémenée,
d'autres de même acabit furent les successeurs du
duc d'Antin dans la grande maîtrise. Des princes,
même des membres de la famille royale, voulurent
pénétrer dans les loges. C'est ainsi que le comte
de Provence qui fut Louis XVIII, le comte d'Artois
qui fut Charles X et même, dit-on, le duc de Berry,
qui fut Louis XVI, étaient francs-maçons. Deux
ducs d'Orléans le furent aussi.

Au cours du xviiiᵉ siècle, avant 1789, tout ce que
la France, dans la diversité des classes et des rangs
qui constituait son ordre social, sympathisa avec
la Franc-maçonnerie et s'y jeta. Pas un homme
illustre ou célèbre dans la noblesse d'épée, comme
dans la noblesse de robe, dans la haute et même
dans la moyenne bourgeoisie, dans les arts, dans
les sciences, dans les lettres, dans la finance, qui
n'ait voulu être et n'ait été franc-maçon. Des listes
de tous leurs noms ont été relevées et dressées ; on
peut les consulter.

Il n'est pas étonnant, dès lors, que la Franc-
maçonnerie ait pris chez nous un rapide et considérable développement. On en jugera quand j'aurai
dit qu'en 1736 il n'existait que quatre loges à Paris,
et qu'en 1742 on en comptait vingt-deux dans la
capitale et deux cents dans les provinces. En 1774,
le nombre s'élevait au chiffre de trois cents. De
cette date à 1789 et pendant les années relativement
pacifiques de la Révolution, c'est-à-dire jusqu'à
l'avènement de la Convention, le nombre des loges

ressortissant au Grand-Orient de France était
d'environ sept cents. Fait singulier et de nature à
surprendre jusqu'à la stupéfaction ceux qui, comme
M. Guénebault, voient dans la Franc-maçonnerie
un des organes et des véhicules principaux de la
Révolution, le mouvement ascensionnel dont il
vient d'être parlé fut brusquement enrayé quand la
Révolution devint moralement et matériellement
violente. Lorsque l'on tomba de 1789 dans 1793,
de la royauté constitutionnelle de l'Assemblée constituante dans la république de la Convention, la
Franc-maçonnerie s'éclipsa et les loges se virent
dans l'obligation de cesser leurs travaux. Ce fait
est à retenir ; il est tout à l'honneur de la franc-
maçonnerie française.

De ce que la Franc-maçonnerie jouit en France,
au cours du xviiie siècle d'une grande faveur doit-
elle être considérée comme ayant exercé une action
profonde sur le mouvement des esprits, sur la
marche de l'opinion, et ait contribué pour une part
très importante à la révolution à la fois politique
et sociale de 1789 ?

S'il est vrai, moralement et historiquement, que
la Franc-maçonnerie ait été en France, pendant le
xviiie siècle, le foyer où s'est préparé notre Révolution, on se demande comment et par quel phénomène, cette même association, partout basée sur
les mêmes principes, n'ait exercé aucune action
révolutionnaire, d'abord en Angleterre, sa patrie
originelle, sa terre classique, et dans d'autres pays
où elle s'introduisit et se développa dans la même
période. La propagande maçonnique, importée
sur le continent, s'étendit à toute l'Europe ; elle

pénétra dans tous les états qui la composaient alors, avec des chances et des résultats divers. Elle n'obtint pas des succès sérieux et efficaces dans certains d'entr'eux, notamment dans les pays autrichiens, dans la Bavière, en Italie où elle fut de la part des papes Clément XII, en 1738, de Benoît XIV, en 1751, l'objet de deux bulles excommunicatrices, en Espagne où Ferdinand VI, en 1750, frappa la pratique de la Maçonnerie de la peine de mort ; par contre, elle trouva faveur et protection dans les états scandinaves, dans la Saxe, en Prusse, en Russie, s'y établit et s'y propagea sous l'égide, et avec la protection, même avec la coopération des souverains de ces nations. Les Gustave de Suède se firent francs-maçons ; un d'eux décréta même qu'on acquiérerait la noblesse en passant par la Franc-maçonnerie. N'étant encore que prince royal, Frédéric II, dit le Grand, se fit initier à l'insu de son père, et monté sur le trône, se fit le promoteur et le patron de l'ordre maçonnique dans l'étendue de sa souveraineté. Sous le règne de Catherine la Grande, la Maçonnerie prit une extrême faveur en Russie ; la noblesse tout entière, la cour en tête, voulut s'y faire initier, et l'impératrice elle-même y adhéra en faisant recevoir son fils qui fut Paul Ier.

Je ne sache pas qu'au XVIIIe siècle la Franc-maçonnerie ait été dans ces pays la cause et l'occasion d'une révolution quelconque et qu'elle y ait mis le moindrement en péril le pouvoir politique et l'ordre social.

Il me paraît curieux de faire remarquer que notre Révolution, cette prétendue fille de la Franc-maçonnerie, trouva dans la nation maçonnique par excellence, c'est-à-dire dans l'Angleterre, sa plus constante et implacable ennemie.

La Révolution de 1789, je le répète, se comprend et s'explique sans qu'il soit nécessaire d'y faire intervenir la Franc-maçonnerie, ou toute autre cause secondaire. Elle ne fut point, ainsi que certains esprits ou systématiques, ou superficiels, peuvent le penser et l'écrire, un fait accidentel, le résultat et le produit d'idées et de passions perturbatrices qu'il eût été possible, si les pouvoirs publics l'eussent voulu et tenté, de combattre et de vaincre dans leurs manifestations et leurs conséquences. La nature et la force des choses furent les facteurs de cette révolution.

Le régime, le mécanisme politique et social, l'ordre et l'état de choses que le mouvement de 1789 anéantit, avaient fait leur temps. De grands changements, pressentis par des esprits éminents, par Leibniz entr'autres, étaient inévitables ; lord Chesterfield, écrivant à son fils Stanhope, alors en France, lui disait que ce qu'il voyait ne pouvait durer ; Louis XV, le plus scandaleux et le plus égoïste de nos rois, sentait les planches du théâtre craquer sous ses pas, mais il estimait qu'il résisterait et se tiendrait debout autant que lui. Voltaire disait à ses visiteurs, dans les allées et sous les bosquets des Délices et de Ferney qu'après lui on verrait de belles choses ; il ne prévoyait pas la Terreur et la guillotine érigées en institutions.

Tout ce qui existait en France avant 1789 offensait la raison et la justice. L'absurdité et la vétusté des institutions étaient frappantes, indéniables ; le

régime était à la fois un anachronisme et un contre-
sens, attendu qu'il n'était plus en rapport et en
concordance avec les sentiments, les aspirations,
les besoins de la nation et de l'époque, avec le
progrès des lumières et de la moralité humaine.
Des millions d'hommes, vingt-cinq à vingt-six,
étaient soumis à deux cent mille privilégiés. Tout
n'était pas précisément à détruire, mais tout était
à réformer.

Comme l'a écrit un historien, ferme et modéré,
Mignet : « Les formes de la société du moyen âge
» existaient encore, le sol était divisé en provinces
» ennemies, les hommes étaient divisés en classes
» rivales. La noblesse avait perdu tout son pouvoir,
» quoiqu'elle eut conservé ses distinctions ; le
» peuple ne possédait aucun droit, la royauté
» n'avait pas de limites, et la France était livrée
» à la confusion et à l'arbitraire ministériel, des
» régimes particuliers et des privilèges des corps.
» A cet ordre abusif, la Révolution en a substitué
» un plus conforme à la justice et plus approprié
» à notre temps. Elle a remplacé l'arbitraire par
» la loi, le privilège par l'égalité ; elle a délivré les
» hommes des distinctions de classes, le sol des
» barrières des provinces, l'industrie des entraves
» des corporations et des jurandes, l'agriculture
» des sujétions féodales et de l'oppression des
» dîmes, la propriété de la gène des substitutions,
» et elle a tout ramené à un seul état, à un seul
» droit, à un seul peuple. La Révolution n'a pas
» seulement renversé les pouvoirs politiques, elle a
» changé toute l'existence intérieure de la nation. »
(*Histoire de la Révolution.*)

Je ne crois pas qu'il soit possible de contredire
sérieusement ce jugement porté sur la nécessité de
la Révolution de 1789 et sur la réalité et l'importance de ses résultats. Mais j'estime que les choses
eussent pu se passer autrement et je regrette, au
nom de l'humanité et de l'honneur français, que
l'ancien régime, au lieu d'être détruit par une révolution, n'ait pas été transformé par une évolution,
par une transaction entre le présent et l'avenir.
Tout partisan que j'ai été dès mes jeunes ans et
que je suis dans ma vieillesse des principes de 1789
et de l'ordre nouveau dont ils sont la base, je n'ai
cessé de regretter que ces conquêtes, comme on
les appelle, aient été faites et obtenues par des
moyens si violents, et au prix de sacrifices si
douloureux.

Napoléon Ier, dont M. Guénebault parle avec tant
d'irrévérence et si peu de justice, a émis à ce sujet,
dans son exil de Sainte-Hélène, une opinion aussi
remarquable par sa franchise que par sa profondeur.

« Une révolution, dit l'étrange *révolutionnaire*
» imaginé par votre collaborateur, est toujours
» quoiqu'on en dise, un des plus grands malheurs
» dont la colère divine puisse affliger une nation.
» C'est le fléau de la génération qui la fait, et
» pendant de longues années, un siècle même, c'est
» le malheur de tous, le bonheur de quelques-uns...
» Les révolutions détruisent tout instantanément
» et ne reconstruisent qu'à l'aide du temps.
» La Révolution française a été une convulsion
» nationale aussi irrésistible dans ses effets qu'une
» éruption du Vésuve. Quand les fusions mysté-
» rieuses des entrailles de la terre sont arrivées à

» l'état d'explosion, la lave s'échappe et l'éruption
» a lieu. Le travail sourd du malaise des peuples
» suit une marche identique; quand leurs souf-
» frances arrivent à maturité une révolution éclate.

» J'ai souvent entendu dire que Louis XVI aurait
» pu consacrer notre Révolution et conserver sa
» couronne. Je ne le crois pas. Son éducation et
» ses convictions personnelles lui faisaient regarder
» comme lui appartenant légitimement tout ce dont
» l'intérêt national voulait le dépouiller, et par
» conséquent ce qu'il aurait dû concéder de son
» propre mouvement pour paralyser l'action révo-
» lutionnaire.

» Je pense qu'un véritable homme d'Etat, ayant
» été premier ministre sous Louis XVI et gouver-
» nant en maître comme l'avait fait le cardinal de
» Richelieu, aurait pu sauver la couronne et satis-
» faire tous les besoins raisonnables des masses
» françaises; mais, au moment de la convocation
» des Etats-Généraux il était hors du pouvoir d'un
» homme d'empêcher la Révolution.

» On ne fait ni n'arrête une révolution; ce qui
» est possible, c'est qu'un ou plusieurs de ses
» enfants la dirigent, à force de victoires, ou que
» ses ennemis la compriment momentanément par
» la force des armes; mais dans ce cas, le feu
» révolutionnaire couve sous la cendre, et tôt ou
» tard l'incendie se rallume avec une nouvelle force
» et dévore toutes les entraves. » (Extraits des
*Récits de la captivité. — Œuvres de Napoléon I*er
à Sainte-Hélène.)

Hélas! l'homme d'Etat dont parle l'Empereur ne
se trouva point dans les conseils de la Royauté, au

moment psychologique, c'est-à-dire lorsqu'en 1774 l'héritage de Louis XV, tout contaminé de scandales, tomba des mains impures de cet indigne prince dans les mains pures, mais inexpérimentées de son petit-fils. Le malheur, c'en fut un véritable et terrible, voulut et fit qu'au lieu d'un cardinal de Richelieu, le jeune monarque eût pour ministre dirigeant, de 1774 à 1781, un homme dont on a dit qu'il était *sans idées et sans conduite*. Il s'appelait Phélipeaux, comte de Maurepas ; c'était la frivolité même sous des cheveux blancs ; il résumait en lui tous les vices aimables du siècle ; les bons mots et les petites intrigues étaient ses occupations favorites et ses plus chers amusements. Il fallait un réformateur ; on eut un Pasquin à la tête des affaires.

Par lui-même, le nouveau roi n'avait point les qualités voulues pour s'orienter et se diriger, au milieu des difficultés dont était hérissé l'exercice d'un pouvoir qui avait pour base et pour moyens d'action l'arbitraire, et qui venait de lui être abandonné tout à fait déshonoré et dépouillé de tout prestige.

La position était celle-ci : « A la tête de l'Etat » un roi muni d'un pouvoir mal défini, mais absolu » dans la pratique ; des grands qui avaient aban- » donné leur dignité féodale pour la faveur du » monarque et qui se disputaient par l'intrigue ce » qu'on leur livrait de la substance du peuple ; » au-dessous une population immense, sans autre » relation avec l'aristocratie royale qu'une soumis- » sion d'habitude et l'acquittement des impôts.... » Le scandale avait été poussé à son comble,

» lorsque Louis XVI, prince équitable, modéré
» dans ses goûts, négligemment élevé, mais porté
» au bien par un penchant naturel, monta fort
» jeune (à vingt ans) sur le trône.... » (THIERS,
Histoire de la Révolution française.)

Tout était à purifier, tout était à réformer dans
la société, dans l'Etat ; il fut un moment où tout
cela pouvait se faire. « Si, à cette époque (en 1774),
» a dit le même historien, le Roi eut spontanément
» établi une certaine égalité dans les charges et
» donné quelques garanties, tout eut été apaisé
» pour longtemps, et Louis XVI aurait été adoré
» à l'égal de Marc-Aurèle. »

Armé, muni qu'il était, en montant sur le trône,
du pouvoir absolu, du droit de légiférer de *motu
proprio,* et de la prérogative de faire prévaloir ses
volontés contre les résistances parlementaires au
moyen de l'enregistrement par lit de justice, le
successeur de Louis XV avait à sa disposition la
possibilité et les facilités nécessaires pour procéder
à la réformation de toutes choses. Il lui était licite
d'opérer, par la voie des édits, les changements,
modifications et améliorations reconnus nécessaires et que réclamaient les circonstances, les
exigences de l'opinion et du sentiment public,
l'état général des esprits.

Egaré au sommet de l'Etat, selon la pittoresque
expression d'un historien de la Révolution (Louis
Blanc), sans guide clairvoyant et prévoyant, entouré
d'une cour frivole, entachée de la corruption du
règne qui venait de finir, ne pouvant s'appuyer
sur rien de solide, pas plus dans la noblesse que
dans le clergé, ayant de bonnes intentions sans

avoir la perception nette des abus qu'il fallait
absolument détruire et la force morale indispensable pour leur faire la guerre, le malheureux
Louis XVI ne comprit pas la gravité des circonstances et de la situation. « De grands talents et de
» hautes lumières, a dit Mme de Staël dans ses
» *Considérations de la Révolution,* étaient néces-
» saires pour lutter avec l'esprit du siècle, ou pour
» faire, ce qui valait mieux, un pacte raisonnable
» avec cet esprit. Les dernières années du règne
» de Louis XV avaient déconsidéré le gouver-
» nement; le procès de l'ordre de choses qui
» régissait la France s'était instruit sous le dernier
» roi de la façon la plus authentique aux yeux de
» la nation.... Rien ne pouvait détourner les diffé-
» rentes classes de l'État des réclamations impor-
» tantes que toutes se croyaient en droit de faire
» valoir.... »

Ni par lui-même, ni par ses conseillers Louis XVI
ne comprit qu'il était urgent de réformer un ordre
de choses qui était abusif en toutes ses parties, et
ne songea pas à user des prérogatives inhérentes à
sa couronne qui lui en fournissaient le moyen. Il
laissa passer, sans y prendre garde, l'heure de la
possibilité et de l'opportunité. Après des hésitations
et des tâtonnements stériles, n'ayant trouvé nulle
part, pas plus dans le Parlement que dans les
Notables, des avis et des conseils utiles et pratiques; n'ayant eu, depuis 1781, année de la mort
du funeste Maurepas et de l'intelligent et voyant
Turgot, que des ministres dirigeants, légers et
imprévoyants, présomptueux et à idées étroites,
complaisants et fanfarons, Calonne, Necker,

Loménie de Brienne, le Roi se laissa imposer la convocation des Etats-Généraux.

Comme tout ce qui constituait le mécanisme de l'ancien régime, les Etats-Généraux, qui n'avaient pas été réunis depuis 1614, étaient une institution détraquée et hors de saison comme de raison. Du fait de son organisation par *ordres* elle se trouvait composée d'éléments hétérogènes et forcément hostiles. Alors que celui du Tiers-Etat représentait humblement l'intérêt de plusieurs millions d'hommes, les deux autres, le Clergé et la Noblesse, représentaient, avec arrogance, des préjugés et des privilèges blessants pour les masses et des intérêts étrangers et contraires à l'intérêt général et national.

La disparité de force représentative entre les éléments du passé et les éléments du présent et de l'avenir était si évidente, et sautait tellement aux yeux, qu'on sentit qu'il fallait la corriger. Il fut à cet effet décidé par le pouvoir royal que l'ordre du Tiers-Etat, ce qui ne s'était jamais vu, aurait dans les Etats-Généraux convoqués en 1789, autant de représentants à lui seul que la Noblesse et le Clergé. Par l'effet de ce doublement de représentation et de voix, le Tiers-Etat, qui n'était à peu près rien dans l'ordre politique et qui ne demandait, selon le mot de Sieyès, qu'à *devenir quelque chose*, devint tant par lui-même que par l'accession de la fraction libérale de l'ordre de la Noblesse, et la partie démocratique, c'est-à-dire les curés, de l'ordre du Clergé, le maître des Etats-Généraux et des destinées de la France.

Il en advint ce que l'on sait. Au lieu d'une évolution ou d'une transaction, on roula, en passant par une série de fautes réciproques et d'incidents précipités et vertigineux, dans une Révolution, qui fut un cataclysme, dans laquelle sombrèrent le pouvoir royal, l'ancien régime, l'ancienne société.

Et M. Guénebault voudrait faire croire que ce grand fait de la Révolution française et les *gigantesques événements* qui l'ont signalé, au lieu d'avoir été produits par des causes supérieures et impérieuses auraient eu pour principal facteur et générateur une société idéologique et humanitaire comme était la Franc-maçonnerie à l'époque où éclata notre Révolution !!! Je ne crois pas qu'il ait jamais été mis en circulation un paradoxe plus violent et plus déraisonnable.

Votre collaborateur explique toute la Révolution par la Franc-maçonnerie ; non-seulement il l'en fait dériver, mais on la trouve, selon lui, et il nous la signale dans les principes, dans les faits, dans les hommes de cette Révolution. Tout ce qui est arrivé depuis 1789, ce qui est arrivé hier, ce qui arrive aujourd'hui, ce qui arrivera demain, dépend et découle de la Franc-maçonnerie. Il voit, il signale partout son *œuvre infernale*.

Si, dans les dernières années du xviii° siècle la France, attaquée de toutes parts, et seule contre l'Europe coalisée, a repoussé tous les assauts livrés à son indépendance et même à son existence, c'est à l'action de la Franc-maçonnerie, à la connivence des loges françaises avec celles de l'étranger, que les succès de nos armes et les *victoires fantastiques* de la première République doivent être attribuées.

« Les francs-maçons à l'étranger, dit M. Guéne-

» bault, ayant pour principe, comme ceux de France,
» de fouler aux pieds tous les devoirs du patrio-
» tisme et de l'honneur national, ils s'empressèrent
» de livrer leur pays à l'invasion des armées révolu-
» tionnaires qui, grâce à la connivence de la Secte,
» ne rencontrèrent partout que des simulacres de
» résistance. »

Jusqu'à ce jour et avant M. Guénebault, il était admis que la guerre soutenue par la France en 1792 et années suivantes contre toute l'Europe, sous les plis du drapeau tricolore, avait été aussi difficile qu'acharnée, et que si la France en était sortie triomphante, c'était grâce à l'héroïsme de ses enfants, à la vaillance intelligente de ses généraux. Au dire des historiens les plus sérieux et des écrivains militaires les plus autorisés, les résultats de cette guerre comparés à la force et à la multiplicité des obstacles, doivent être considérés et proclamés admirables et vraiment étonnants.

« Qui n'aurait cru, dit l'un de ces écrivains, le
» lieutenant-général comte Mathieu Dumas en son
» *Précis des événements militaires,* qu'au Nord les
» armées prussiennes et autrichiennes, grossies de
» tous les contingents de l'Empire, et de la meil-
» leure partie des forces de terre de l'Angleterre et
» de la Hollande; qu'au Midi les diversions opérées
» par les armées sardes, napolitaines, portugaises;
» enfin que sur mer, les forces navales de presque
» toute l'Europe, allaient écraser la France qui,
» dans ses premiers troubles, venait de perdre, par
» l'émigration, la plus grande partie des chefs de
» ses armées de terre et de mer? On connaît assez
» le résultat aussi imprévu que peu probable de

» cette première lutte, *la plus forte et la plus*
» *inégale qui ait été jamais engagée.* »

« A nos ennemis de 1792, la Prusse et l'Empire
» d'Allemagne, dit le général Koch dans ses
» *Mémoires de Masséna,* étaient venues se joindre
» l'Angleterre, l'Espagne et la Hollande. A l'appel
» de la patrie en danger, un million de citoyens
» avaient, en 1793, abandonné leurs foyers pour
» accourir sous le drapeau de la Révolution. L'his-
» toire n'offre pas de spectacle plus grand, plus
» magnifique que celui de tout un peuple s'orga-
» nisant sous des chefs de son choix et marchant
» comme un seul homme contre les ennemis de sa
» liberté et de son indépendance. Tout manquait à
» la fois : le patriotisme, la science, le dévouement
» surent tout improviser. »

Il me serait facile d'ajouter à ces citations si
probantes et si topiques beaucoup d'autres qui ne
le seraient pas moins. Mais il ne me parait pas
nécessaire d'opposer des raisons sérieuses à ce
qui, sous la plume de M. Guénebault, n'est qu'une
allégation dépourvue de toute valeur historique.
Personne ne voit et ne verra comme lui dans
Valmy, dans Jemmapes, dans Hondchoote, dans
Wattignies, dans Weissembourg, dans Fleurus, etc.,
des victoires fantastiques et maçonniques, mais bien
des victoires nationales, glorieusement remportées
et dignes d'un renom immortel.

Aux yeux et au sens de votre collaborateur, toute
la Révolution émanant de la Franc-maçonnerie,
tous les hommes qui en embrassèrent et en défendirent les principes ne furent au fond que des agents
de cette Secte. C'est ainsi que Napoléon Ier en fut

un. On croyait assez généralement qu'il ne relevait que de son génie. Pas du tout, M. Guénebault en fait « un révolutionnaire et un franc-maçon fidèle à » l'exécution du programme de la Secte à laquelle » il appartenait ».

« Bonaparte, dit-il, qui avait fait ses preuves en » France, comme jacobin et franc-maçon, parut » être encore la plus sûre sauvegarde de la Révo- » lution, grâce à son premier coup d'État du » 18 fructidor ; et ce fut en conséquence, à Bona- » parte, que la Secte, avec son cynisme habituel, » livra, sans hésiter, les libertés publiques dont » l'ancienne Monarchie avait, de siècle en siècle, » constitué notre patrimoine national.

» Bonaparte, par ses antécédents maçonniques, » nous devons le reconnaître, justifiait cette préfé- » rence ; car il avait donné jusqu'alors à la Révo- » lution et à la Franc-maçonnerie des gages » incontestables à leurs doctrines comme à leurs » œuvres.

» Après le siège et la prise de Toulon, qui fut » livrée aux horreurs d'un effroyable massacre, » Bonaparte, alors l'homme de confiance de Robes- » pierre, écrivait à la Convention : « Citoyens » représentants, c'est du champ de gloire, mar- » chant dans le sang des traîtres, que je vous » annonce avec joie que vos ordres sont exécutés » et que la France est vengée. Ni l'âge, ni le sexe » n'ont été épargnés. Ceux qui n'avaient été blessés » que par le canon républicain ont été dépecés par » le glaive de la liberté et par la baïonnette de » l'égalité. Salut et fraternité. — *Brutus Bona-* » *parte, citoyen sans-culotte.* »

» Ce fut également pour se conformer au pro-
» gramme de la Secte que Bonaparte détruisit
» l'Ordre de Malte et que, grâce aux trahisons
» maçonniques, cette ile, boulevard de la Méditer-
» ranée, et considérée comme imprenable, devint
» la proie de l'Angleterre qui la possède encore.

» Dans sa première proclamation en Egypte,
» Bonaparte se vanta de ce bel exploit, parce que,
» dit-il, les chevaliers de Malte, qu'il appelle des
» insensés, se croyaient en devoir de faire la guerre
» aux Musulmans.

» Or Bonaparte qui, dans sa première procla-
» mation en Egypte se faisait gloire d'avoir détruit
» le pape, déclarait qu'il était *l'ami des vrais*
» *Musulmans* et qu'il respectait plus que les
» Mamelucks, Dieu, son prophète et l'Alcoran.
» Ne craignez rien surtout, ajoutait-il, pour le
» prophète que *j'aime....*

» Le but qu'elle se proposait (la Secte maçon-
» nique) c'était toujours, en exploitant l'insatiable
» ambition de Bonaparte, de faire servir toutes les
» forces de la France au développement incessant
» de la Franc-maçonnerie, en lançant notre pays
» dans des guerres insensées qui, fatalement,
» devaient aboutir, tôt ou tard, aux plus lamen-
» tables désastres.

» Aussi le premier Empire fut-il l'époque où la
» Secte prit le plus d'extension. (Ce fut, d'après
» un secrétaire du Grand-Orient, l'époque la plus
» brillante de la Maçonnerie ; près de douze cents
» loges existaient dans l'Empire français.) Le gou-
» vernement impérial se servit de son omnipotence
» pour dominer la Franc-maçonnerie. Elle ne

4

» s'effraya ni ne se révolta.... Que désirait-elle,
» en effet ? étendre son empire.

» Tel est le grand secret de toutes les hypocrisies
» et de toutes les fourberies de la Secte ; et voilà
» comment Napoléon Ier, instrument de la Franc-
» maçonnerie, a joué ce rôle de dompteur de la
» Révolution, dont la crédulité de tant d'honnêtes
» gens a fait jusqu'à nos jours une si complaisante
» légende.

» Aussi le baron d'Hangwitz, ancien franc-maçon,
» était-il fondé à dire au Congrès de Vérone, que
» Napoléon était initié aux desseins de boulever-
» sements des loges, et qu'il trouva en elles un
» puissant appui.

» Napoléon Ier, en effet, se fit le continuateur de
» la Révolution ; il voulut en être le protecteur
» et l'appui dans l'Europe entière, partout où le
» triomphe de nos armes lui permettait d'imposer
» et d'exercer son despotisme ; et c'est ainsi qu'il
» favorisa de tout son pouvoir l'œuvre de la Franc-
» maçonnerie jusqu'au jour où la Secte l'abandonna
» et pactisa, pour le renverser, avec la coalition
» qu'il avait provoquée contre la France.... »

Tel est le réquisitoire, je pourrais dire l'anathème
que M. Guénebault, par un travestissement auda-
cieux, mais vain *(telum imbelle sine ictu)*, de l'histoire
et une méconnaissance absolue des faits les plus
authentiques, n'a pas craint de fulminer contre
celui dont Châteaubriant a dit à la fin de son
Analyse raisonnée de l'Histoire de France :

« Le vieux monde fut submergé. Quand les flots
» de l'anarchie se retirèrent, Napoléon parut à
» l'entrée d'un nouvel univers comme ces géants

» que l'histoire profane nous peint au berceau de
» la société, et qui se montrèrent à la terre après
» le déluge. »

Je me demande comment M. Guénebault s'est
cru autorisé à envisager sous un jour si louche,
d'un point de vue si mesquin, un homme sur lequel
on peut, politiquement, porter des jugements divers,
mais dont on ne peut raisonnablement nier le génie
militaire et civil; dont un noble étranger, le célèbre
baron de Gleichen, disait dans les premières années
du siècle : « Il commande la terreur et l'admiration ;
» il est encore plus grand par les maux qu'il a
» détournés que par le bien qu'il a fait, et mon
» esprit est forcé de le mettre au-dessus de tous
» les hommes. »

Je me permets d'avoir des doutes sur la solidité
et l'élévation d'esprit d'un écrivain qui s'évertue à
rabaisser, comme il l'a fait en quelques lignes
prévenues et dénigrantes, le caractère et le rôle
de celui qu'il y a quelques années, un royaliste
éminent, M. le comte d'Haussonville, appelait
en pleine académie « le plus grand homme des
temps modernes », et dont deux historiens illustres,
MM. Thiers et Mignet, ont parlé ainsi qu'il suit :

« Il était arrivé à la Révolution française, appelée
» à changer la face de la société européenne, de
» produire un homme qui attirerait autant les
» regards que Charlemagne, César, Annibal et
» Alexandre. » (1)

« Le 11 avril 1814, Napoléon renonça pour lui
» et ses enfants aux trônes de France et d'Italie et

_____
(1) Thiers, *Histoire du Consulat et de l'Empire.*

» reçut en échange de sa vaste souveraineté, dont
».les limites s'étendaient naguère du détroit de
» Cadix à la mer Baltique, la petite île d'Elbe.
» Le 20, après avoir fait de touchants adieux à ses
» vieux soldats, il partit pour sa nouvelle princi-
» pauté.

» Ainsi tomba cet homme qui avait seul rempli
» le monde pendant quatorze ans. Son génie entre-
» prenant et organisateur, sa puissance de vie et
» de volonté, son amour de la gloire, et l'immense
» force disponible que la Révolution avait mise
» entre ses mains ont fait de lui l'être le plus
» gigantesque des temps modernes. Ce qui rendrait
» la destinée d'un autre extraordinaire compte à
» peine dans la sienne. Sorti de l'obscurité, porté
» au rang suprême, de simple officier d'artillerie
» devenu le chef de la plus grande des nations, il
» a osé concevoir la monarchie universelle et l'a
» réalisée un moment.... » (1)

Transformer en vulgaire franc-maçon et en
jacobin, c'est-à-dire en rêveur philanthropique et
en révolutionnaire dogmatique et enragé, le grand
homme, l'organisateur à la façon de l'empereur
Auguste et de l'empereur Charlemagne (à la barbe
fleurie), qui a fait la France moderne et à certains
égards l'Europe contemporaine, est sous la plume
de M. Guénebault un paradoxe violent et original,
mais parfaitement insensé. C'est en vain qu'il a
essayé de rapetisser, de rabaisser, de dénigrer,
de calomnier, comme s'il ne s'agissait que d'un

_____

(1) Mignet, *Histoire de la Révolution française*, chap. XV.

aventurier historique, l'homme dont la carrière fut remplie de tant d'évènements glorieux, de tant d'actes mémorables, qui s'est emparé des esprits, et dont la vie est un poème qui prévaut sur tous les poèmes, un drame qui fait pâlir tous les drames, une grandeur qui brille au-dessus de toutes les grandeurs propres à l'humanité.

L'histoire, cette incorruptible justicière, qui met chacun à sa place et qui n'élève au-dessus des bas-fonds des annales humaines que les mérites incontestables; la poésie qui seule dispense la vraie gloire, ont placé Napoléon, l'une dans son Panthéon, l'autre dans son Empyrée, dans la région des héros et des demi-dieux. Ce n'est pas M. Guénebault, émule des Lanfrey et de misérables pamphlétaires royalistes ou démagogiques, qui l'en chassera et l'en fera descendre. Il ne fera pas que l'homme qu'il présente avec un dédain aussi superbe que pitoyable, comme *l'instrument de la Franc-maçonnerie,* n'ait inspiré à lord Byron, à Manzoni, à Casimir Delavigne, à Béranger, à Victor Hugo, des chants admirables, quelques-uns immortels. Si Lamartine a dit que l'imagination de Napoléon était lumineuse comme l'Orient et grande comme l'univers; si Manzoni, dans son ode le *Cinq Mai,* l'a représenté comme créé par le Tout-Puissant *(il massimo fattor)* dans l'intention de donner une marque plus étendue *(ormea piu vasta)* de son souffle créateur *(del suo spirito creator),* Victor Hugo, à sa plus belle période poétique, l'appelait *l'homme ineffaçable,* disait que de lui *l'univers était plein,* que *tout s'effaçait devant son nom,* qu'il *était dans sa gloire ainsi que dans un temple, héros accru même par les désastres*, etc., etc., et lui adressait cette magnifique apostrophe :

Tu domines notre âge...
Ton aigle dans son vol, hàletants, nous emporte.
L'œil même qui te fuit te retrouve partout :
Toujours dans nos tableaux tu jettes ta grande ombre.
Toujours Napoléon, éblouissant et sombre
    Sur le seuil du siècle est debout...
Histoire, poésie, il joint du pied vos cimes.
Eperdu, je ne puis, dans ces mondes sublimes,
Remuer rien de grand sans toucher à son nom...

Et c'est l'homme grand en toutes choses, dans les civiles comme dans les militaires, sacré héros par l'opinion publique, par la renommée, par l'histoire et par la poésie, que M. Guénebault, obéissant à des préventions et à des haines d'un royalisme suranné et aveugle, voudrait faire passer comme ayant été l'instrument, même le séïde, d'une association qui n'est, après tout, comme on l'écrivait il y a quelques années, qu'un « enfantillage philosophique. » *Risum teneatis !*

Napoléon, à entendre votre collaborateur, aurait conservé tous les principes de la Secte maçonnique comme base des institutions et lois de son gouvernement ; par conséquent, n'aurait fait rien qui vaille, et son œuvre ne serait qu'une complaisante légende, imaginée, propagée et maintenue par la crédule naïveté de quelques honnêtes gens et d'un troupeau de badauds.

Oh ! que mieux inspiré et plus juste était le grand écrivain catholique, Louis Veuillot, lorsqu'il écrivait dans l'*Univers*, plusieurs années après 1870 :

« Il n'y a rien dans l'administration, ni dans

» l'armée, ni dans la loi, ni dans l'instruction
» publique qui ne soit de Napoléon. Qu'on regarde
» au fond du pays ! L'armée n'a pas d'autre tradi-
» tion que la légende napoléonienne de Marengo
» et d'Austerlitz ; toute l'administration française
» est d'organisation césarienne, et les jeunes géné-
» rations s'élèvent selon l'esprit de l'Université
» impériale.

» C'est Napoléon Ier qui a fait la France moderne
» et son génie lui a survécu. Au-delà de la Révo-
» lution, dont Bonaparte s'est emparé pour la
» façonner à son gré, il n'y a plus rien. Toute la
» vieille France a péri ; il n'en est resté que des
» sentiments de défiance et des souvenirs de haine
» dans l'esprit des nouvelles générations.

» Avec Napoléon commence la civilisation
» moderne. C'est lui le grand créateur de l'*Etat*
» moderne, lui le législateur souverain de la société
» moderne, lui le véritable inspirateur de l'esprit
» moderne : la France lui doit ce qu'elle est.

» En vain l'Assemblée a-t-elle déclaré l'Empire
» déchu. Il vit ; il est au fond de toutes nos institu-
» tions. L'Empire est le système de gouvernement
» qui convient le mieux à nos idées. »

Si Louis Veuillot vivait encore, M. Guénebault
serait capable de le traiter de franc-maçon et de
démagogue.

Il ne me paraît pas suffisant d'avoir opposé au
jugement plus que téméraire porté par M. Guénebault sur la personne morale et sur le rôle politique
de Napoléon Ier, les hautes et vengeresses appréciations que je viens de citer. J'ai à cœur de prouver

que toutes les incriminations par lui dirigées contre l'*homme immense,* sont dépourvues de justice, de justesse et de vérité. Je vais les examiner les unes après les autres, en m'efforçant de tirer au clair et de préciser, ce qui n'est pas facile, vu le désordre et la confusion de leur exposition, les allégations contenues dans son libelle.

Votre collaborateur impute à crime à Bonaparte d'avoir été franc-maçon et subsidiairement révolutionnaire et jacobin, l'un n'allant pas sans l'autre dans son esprit.

Franc-maçon, Bonaparte le fut-il réellement? Voilà ce que M. Guénebault eût dû tout d'abord prouver. Il est vrai que son nom figure, avec bien d'autres célèbres ou illustres, tels que ceux de Louis XVI, de Louis XVIII, de Charles X, de Louis-Philippe Ier, de Pie IX, sur certaines listes qu'on a données du personnel d'élite de la Franc-maçonnerie. Mais ces listes, notamment celle qu'on peut lire dans le Dictionnaire Larousse, sont d'une authenticité et d'une exactitude très douteuses. Ce qu'il y a de certain c'est qu'aucun document public et digne de foi, du moins à ma connaissance, n'établit le fait affirmé par votre collaborateur. En ce qui me concerne, je ne suis pas parvenu, malgré de nombreuses recherches, à découvrir la preuve et la date de l'affiliation de Bonaparte à la fameuse Secte. Aucune mention de ladite affiliation ne se trouve dans un livre où les moindres particularités qui ont signalé la vie de l'illustre bête noire de M. Guénebault sont rapportées. Je veux parler de la biographie de Napoléon Bonaparte, œuvre aussi minutieuse que véridique et estimée du baron de Coston, ancien lieutenant-colonel d'artil-lerie (1).

Il est néanmoins possible, nonobstant le silence des biographes, que le jeune Bonaparte, dont l'esprit était avide de curiosités, des philosophiques, des religieuses, des scientifiques comme de toutes les autres, se soit fait initier à la Franc-maçonnerie, alors en grande faveur, au sortir de l'Ecole militaire (octobre 1785), après son entrée dans l'arme de l'artillerie. Les villes de Valence, de Douai, de La Fère, d'Auxonne dans lesquelles il séjourna plus ou moins longtemps, avant d'être envoyé à l'armée d'Italie comme capitaine, devaient, en leur qualité de garnisons de corps savants, posséder des loges. Il n'y aurait rien d'étonnant à ce qu'il s'y fût fait recevoir, de même qu'il fréquentait les clubs qui s'y étaient formés dès les premiers temps de la Révolution, notamment celui des *amis de la Constitution* qu'il trouva à Valence et dans lequel il se fit admettre avec plusieurs de ses camarades. Se fit-il initier plus tard, alors que le gouvernement révolutionnaire s'était adouci et tendait à sa fin, les loges qui avaient interrompu leurs travaux pendant les orages, les reprirent lorsque l'ordre et la paix commencèrent de reparaître. C'est ce qu'en compagnie de bien d'autre, j'ignore complètement. Il est vraiment fâcheux que M. Guénebault, pour qui l'histoire de la Franc-maçonnerie ne doit pas avoir de secrets, ait négligé de jeter de la lumière sur ce qu'il appelle

(1) *Biographie des premières années de Napoléon Bonaparte*, c'est-à-dire depuis sa naissance jusqu'à l'époque de son commandement en chef de l'armée d'Italie. — Paris et Valence, 1840. — 2 vol. in-8°.

les *antécédents maçonniques* de Bonaparte et expli-
quer en quoi ils consistaient.

Pour ce qui est de la Franc-maçonnerie elle-
même, de ses principes et de ses actes, comme
aussi de sa prétendue influence sur la Révolution
et sur la conduite de Napoléon, simple officier,
général, premier consul, empereur, on n'en trouve
aucune trace dans sa volumineuse et admirable
Correspondance, pas plus que dans les *Dictées* de
Sainte-Hélène, miroir grandiose et calme de ses
pensées et de ses actes.

Ce silence est significatif ; concordant avec celui
de tous les écrits de quelque importance qui traitent
de la Révolution et de Napoléon Ier, il prouve que
la Franc-maçonnerie peut être considérée comme
une quantité négligeable d'un côté comme de l'autre.
Il est vrai qu'avant M. Guénebault, la thèse contraire, en ce qui est des causes et des faits de la
Révolution, a été soutenue au cours même de cette
révolution, par un jésuite émigré du nom de
Barruel. Dans un livre, qui n'est qu'un tissu
d'hallucinations et d'exagérations, la Révolution
apparaît et s'étale comme « le fruit d'une trame
» ourdie dans les comités du baron d'Holbach,
» entre les philosophes, les francs-maçons et les
» illuminés. » Œuvre d'esprit de parti et de passion
déraisonnable et déraisonnante, le livre de l'abbé-
jésuite, après avoir fait quelque bruit, est tombé
dans un oubli profond et mérité. Ce n'est pas l'élu-
cubration de M. Guénebault, dont le fond est
le même et le but aussi, qui l'en tirera (1).

(1) L'ouvrage de l'abbé Augustin de Barruel est intitulé
Mémoires pour servir à l'histoire du Jacobinisme. Composé

La Franc-maçonnerie, autrement dit la *Secte*,
c'est votre collaborateur qui va parler : — après
avoir fait la Révolution en France et avoir « avec
» le concours ou la complicité de toutes les loges
» franc-maçonniques à l'étranger, semé partout en
» Europe la révolution et l'anarchie », — après
avoir suscité « une guerre de trahisons et de
» félonies à toute l'Europe monarchique pour lui
» imposer le régime de saturnales et d'orgies qui
» avait mis la France à « feu et à sang », — après
avoir « par les plus odieuses trahisons et les plus
» lâches félonies, remporté sur les gouvernements
» et sur la paix des peuples les victoires fantas-
» tiques de la première République et favorisé
» l'invasion des armées révolutionnaires qui, grâce
» aux connivences de la Secte, ne rencontrèrent
» presque partout que des simulacres de résistance
» (*sic*) »— cette Secte infernale se mit à la recherche
d'un *dictateur*, dont elle se servirait comme « d'un
» instrument de domination. »

et publié d'abord en Angleterre, dans les premières années
de l'émigration de son auteur. Il reparut très amplifié, en
cinq volumes, de 1797 à 1803, à Hambourg. Il me paraît
curieux de faire remarquer que ledit abbé sollicita et obtint,
après le 18 brumaire, l'autorisation de rentrer en France et
sa radiation de la liste des émigrés ; il se fit l'apologiste de
ce même Brumaire et du Consulat. Le premier consul le
nomma chanoine de la cathédrale de Paris.
  Quant à l'*Ordre des Illuminés*, contrefaçon mystique de
la Franc-maçonnerie, c'était une association organisée sur
le plan de l'Ordre des Jésuites, par un de leurs élèves,
Adam Veishaupt, professeur de droit canonique à l'Université
bavaroise d'Ingolstadt, vers 1772. Elle admettait dans son
sein des hommes de toutes les religions et se proposait pour
but l'amélioration du genre humain.

Ce dictateur, c'est M. Guénebault qui veut bien
nous l'apprendre, la Secte le trouva « dans un de
» ses membres, et ce dictateur... ce fut Bonaparte
» qui bientôt après, grâce à son coup d'Etat de
» Brumaire, s'appela Napoléon Ier. »

Faire du premier consul Bonaparte et de l'empereur Napoléon Ier un dictateur servant d'instrument
de domination à la Franc-maçonnerie, est une idée
si hétéroclite, et j'oserais dire si cocasse, qu'il me
paraît inutile de s'arrêter à la discuter et à en
démontrer l'extravagance.

Le général Bonaparte, celui qui avait conquis la
paix la plus glorieuse par sa campagne d'Italie,
celui qui avait porté un si terrible coup à l'Angleterre en conquérant l'Egypte, celui sur le génie de
qui tous les honnêtes gens comptaient pour le
rétablissement de l'ordre social, fut le dictateur
tout à la fois de la fortune, de la force des choses,
de la nécessité, je pourrais presque dire de la
Providence.

(Là s'arrête dans le journal *la Vendée* du 26 septembre, la *Réponse* que j'ai cru devoir faire, dans
le seul intérêt de la vérité et de la justice historiques,
à M. Guénebault.

Le directeur de cette feuille, mon honorable ami
M. Eugène Roulleaux, « sérieusement préoccupé de
l'union entre les conservateurs, » m'a exprimé la
crainte que cette union pourrait être compromise si
la polémique engagée était continuée et poussée à
fond. Je me suis empressé de me rendre à ses scrupules, et j'ai renoncé à faire paraître dans le journal
dont il a la haute direction la suite de ma réfutation.

Mais je n'ai pas renoncé pour cela à faire justice,
dans toutes ses articulations et allégations, de
l'étrange et malencontreux réquisitoire dirigé, à

propos de la Franc-maçonnerie, contre Napoléon Ier.
Après les considérations générales que j'ai exposées
dans *la Vendée*, je vais passer au crible les questions
de détails et les faits particuliers dont n'a pas craint
d'arguer mon adversaire à l'appui de sa thèse.
Ayant les coudées plus franches, ma démonstration
va devenir plus développée, plus minutieuse et plus
libre qu'elle n'eût été.)

Porté au pouvoir suprême par le besoin d'apai-
sement et d'ordre, dont après tant d'années d'orage et
d'anarchie, étaient travaillées toutes les classes de la
société française, Napoléon fut tout à la fois le dompteur, l'épurateur, l'organisateur et finalement le
sauveur de la Révolution dans ce qu'elle avait de
naturel, de pratique, de vraiment bon et de vraiment
social. Vouloir rapetisser et ravaler son rôle à celui
d'instrument servile et ridicule de la Franc-maçonnerie, est une entreprise inqualifiable et injustifiable.

M. Guénebault ne l'entend pas ainsi. Tenant
d'autant plus à son idée qu'elle est plus singulière
et moins en rapport avec les faits et la vérité historique, il veut que Bonaparte, avant de se faire
empereur, ait tenu à se montrer ce qu'il était : « Un
» révolutionnaire et un franc-maçon, fidèle à l'exé-
» cution du programme de la secte à laquelle il
» appartenait. »

Aussi, selon lui, ce Bonaparte, « qui avait fait ses
» preuves en France comme jacobin et franc-
» maçon, fut-il adopté par la secte comme la plus
» sûre sauvegarde de la Révolution, grâce à son
» *premier* coup d'État du 18 fructidor. »

Vous l'entendez ! c'est Bonaparte, d'après votre
collaborateur, qui a fait le coup d'État du 4 septembre 1797. Je croyais, et je crois encore, et vous

aussi, Monsieur le Directeur, que ce coup de force et de violence, digne pendant de tous ceux qui avaient jalonné dans son terrible cours le règne de la Convention, était l'œuvre républicaine de la majorité du Directoire contre la minorité. Il plaît à M. Guénebault, peut-être parce que ça entre dans son système de dénigrement, d'en décharger les trois directeurs Barras, Rewbell, le vendéen Laréveillère-Lépaux, et leur peu scrupuleux coopérateur Augereau, pour en charger le général Bonaparte. Mais il est des faits et des actes tellement connus et certains qu'on ne peut en altérer l'origine et l'authenticité. Le 18 fructidor est de ceux-là.

Lorsque s'accomplit cet acte, dernière grande violence politique de la République, Bonaparte était à son quartier général de l'armée d'Italie, dans une petite ville des États-Vénitiens, du nom de Passériano, où allait être, le mois suivant, signé ce traité de Campo-Formio, dont on a dit que la France n'avait jamais obtenu une si belle paix que celle qu'il lui procura.

Si c'était ici le lieu, j'entrerais dans des explications desquelles il résulterait que le général Bonaparte, tout en comprenant que le Directoire défendit en se défendant, comme l'avait fait la Convention le 13 vendémiaire, la cause de la Révolution contre ses ennemis du dedans et du dehors, n'approuva pas qu'il l'eût fait par de tels moyens. Lorsqu'il eut connaissance de la loi draconienne qui fut édictée comme conséquence et consécration du coup d'État le lendemain 19, il en fut profondément affligé, en témoigna hautement son mécontement et il reprocha aux trois directeurs de n'avoir pas su vaincre avec modération. Un de ses premiers soins, en arrivant au Consulat, fut d'annuler cette loi cruelle de proscription qui, selon ses propres paroles, constituait une injustice révoltante et une violation inouïe des droits et des lois (1).

Comme si ce n'était pas assez d'attribuer à Bonaparte le coup d'Etat du 18 fructidor, M. Guénebault, que rien n'arrête dans le domaine des allégations et affirmations audacieuses et fantaisistes, dit que la secte maçonnique, voyant dans ledit Bonaparte la plus sûre sauvegarde de la Révolution, lui « livra, » avec son cynisme habituel, les libertés publiques » dont l'ancienne Monarchie avait, de siècle en » siècle, constitué notre patrimoine national. »

Longtemps avant l'introduction de la Franc-maçonnerie en France, longtemps avant la Révolution, le Consulat et l'Empire, les libertés publiques dont parle M. Guénebault, avaient cessé d'exister où n'étaient plus qu'une image effacée de ce qu'elles avaient été, au point de vue communal et municipal surtout, pendant plusieurs siècles. Le pouvoir royal qui, pour s'émanciper de la tyrannie féodale, avait protégé et encouragé la formation et la constitution libérale du Tiers-Etat, le pouvoir royal, en se développant, en s'agrandissant, en s'affermissant de plus en plus, tourna au pur despotisme et à la centralisation.

Il y avait incompatibilité entre les vieilles libertés, telles qu'elles avaient surgi et s'étaient constituées à partir du xiiᵉ siècle, sous les auspices de la

(1) Voir dans les *Œuvres* de Napoléon à Sainte-Hélène, la dictée intitulée : *Le 18 Fructidor.* — Voir aussi le *Mémorial.*

Monarchie, à certains égards, démocratique de ce temps là, et l'unité administrative de la Monarchie, devenue despotique des xvii° et xviii° siècles. Divergentes les unes des autres, ayant des origines différentes, présentant une variété infinie, dissemblables selon les régions où elles avaient pris naissance, elles ne purent concorder avec la puissance royale, dont la centralisation et l'unité étaient les principaux outils de gouvernement. Aussi furent-elles comprimées et étouffées par le pouvoir royal. Leur exécuteur fut Louis XIV. C'est avec raison que Chateaubriand a dit à ce sujet dans son *Analyse raisonnée de l'Histoire de France :*

« Ce prince, qui fit notre patrie, par l'administra-
» tion, la force extérieure, les lettres et les arts, à
» peu près ce qu'elle est demeurée, *écrasa le reste*
» *des libertés publiques,* viola les privilèges des
» provinces et des cités, posa sa volonté pour règle,
» enrichit ses courtisans de confiscations odieuses.
» Il ne lui vint même pas en pensée que la liberté,
» la propriété, la vie de ses sujets ne fussent pas à
» lui. »

Si veut le Roy, si veut la loy, était, sous les derniers souverains de l'ancienne Monarchie, une maxime d'État et de gouvernement ; elle n'admettait l'existence et la possibilité d'existence d'aucune liberté publique ou privée, ni la permanence et le respect d'aucune des institutions politiques nées avec le moyen âge et qui longtemps avaient heureusement tempéré l'action du pouvoir royal.

S'il s'agit des États généraux, on voit qu'ils ne furent pas convoqués une seule fois dans l'espace qui s'écoula entre l'année 1614 et l'année 1789.

Parle-t-on du Parlement de Paris, à qui le droit d'enregistrement et de remontrance donnait un caractère et un pouvoir politiques, on voit ce droit réduit à néant par Louis XIV, et annulé dans la suite par les *lits de justice*.

Invoque-t-on les vieilles institutions provinciales, Augustin Thierry nous apprend que leur *ruine* était déjà fort avancée au commencement du XVIIe siècle, et il écrit ce qui suit : « Quoique, sous Louis XIV
» et depuis son règne, il y ait eu en France des pays
» d'État, conservant par exception leurs assemblées
» délibérantes, ce *reste* des libertés du moyen âge
» ne fut qu'une ombre devant le pouvoir de plus en
» plus actif et absolu des intendants... (1)

Se targue-t-on, pour faire honneur au libéralisme de l'ancien régime, des franchises municipales, voici ce qu'en dit le même Augustin Thierry, l'écrivain le plus compétent en cette matière :

« Depuis le règne de Henri IV jusqu'à une époque
» avancée du règne de Louis XIV, le régime muni-
» cipal n'avait éprouvé aucune altération impor-
» tante. Quoique surveillé et contrôlé d'une façon
» de plus en plus étroite, ce régime conservait ses
» vieux fondements et son principe de liberté par
» l'élection des magistrats, lorsqu'un coup d'État,
» fiscal plutôt que politique, l'abolit en droit et
» en fait, ne lui laissa qu'une existence précaire
» et conditionnelle. Au plus fort d'une guerre dont
» la dépense n'était couverte qu'à l'aide d'expédients
» financiers, parmi lesquels figurait la création
» d'offices vénaux (il s'agit de la guerre d'Alle-

(1) *Essai sur l'histoire du Tiers-État*, chapitre x.

» magne, commencée en 1668 et terminée en 1697
» par le traité de Riswik), l'idée vint au gouverne-
» ment de s'emparer des magistratures urbaines et
» de tous les emplois à la nomination des villes,
» de les ériger en offices héréditaires, et de les
» vendre le plus cher possible, soit à des particu-
» liers, soit aux villes elles-mêmes. Un maire
» perpétuel et des assesseurs candidats-nés pour
» les fonctions d'échevins, consuls, capitouls, jurats,
» syndics, furent imposés à toutes les municipalités
» du royaume...»

J'arrête là cette citation si pleine d'intérêt, et je me borne à en reproduire la conclusion :

« De 1722 à 1789, il n'y eut pas, pour le régime
» municipal, seize ans de liberté sans rançon...
» Ainsi le droit originel n'existait plus au fond, là
» même où, en apparence, il continuait de s'exer-
» cer, et tel fut l'état des choses jusqu'à l'époque
» de la Révolution. »

Les *Lettres de cachet*, qui constituaient, comme on l'a dit énergiquement et justement, une des violations les plus odieuses de la liberté individuelle, dont l'usage ne prit fin qu'en 1789, sont là pour attester que cette liberté n'existait d'aucune façon sous l'ancienne Monarchie.

La liberté de la presse, qui, autant et plus que toute autre, mérite l'épithète de publique, n'existait pas plus pour les livres que pour les écrits périodiques avant 1789. Voici ce que dit à ce sujet A. Granier de Cassagnac, père du célèbre polémiste de nos jours, dans son *Histoire des causes de la Révolution française :* (1)

(1) Tome 1er, chap. II, p. 41 et 42.

« Les journaux reposaient sur un privilège
» accordé par le garde des sceaux pour les feuilles
» littéraires, et par le ministre des affaires étran-
» gères pour les feuilles politiques. Ce qu'on appe-
» lait alors *politique* se bornait à annoncer que tel
» jour Monsieur un tel avait eu l'honneur de monter
» dans les carrosses du Roi et de suivre Sa Majesté à
» la chasse, ou que Madame la duchesse une telle
» avait pris le tabouret. Un arrêt du Conseil du
» 22 mars 1785 défendait aux journaux de parler
» de législation, de jurisprudence ni d'aucune loi
» du royaume. Nous compléterons l'idée qu'on doit
» se faire de la presse périodique, avant la Révo-
» lution, en disant qu'aucun journal n'obtint, en
» 1778, la permission d'annoncer la mort de
» Voltaire...»

Une liberté, à la fois publique et privée, la plus
précieuse, la plus honnête, la plus innocente, la plus
naturelle de toutes les libertés, à la fois humaine et
philosophique, n'existait pas sous l'ancien régime.
Son absence suffit seule pour le condamner et interdire
de le regretter. Je veux parler de la liberté de conscience, qui a pour conséquence et pour corollaire
celle de professer son culte, quel qu'il soit, dans
des conditions d'indépendance et d'honnêteté qui
n'offensent ni ne troublent la morale et la tranquillité publique. Cette liberté, inaugurée parmi nous,
en ce qui est du moins des chrétiens, par le grand
Henri IV, altérée et restreinte par le cardinal de
Richelieu, avait été complètement abolie, on sait
par quels moyens odieusement violents, sous le
gouvernement de Louis XIV.

Des détails dans lesquels je viens d'entrer et que

je pourrais étendre, je me crois autorisé à conclure qu'au cas où la Franc-maçonnerie eût été en position de livrer, ce qui est tout à fait dérisoire, à Bonaparte d'abord, à Napoléon Ier ensuite, quelque chose de ce que M. Guénebault appelle, aussi pompeusement que faussement, « notre ancien patrimoine national, » ce n'eussent pas été, en tout cas, les *libertés publiques*, attendu que toute trace en avait disparu, dans le cours des xviie et xviiie siècles, et qu'elles n'existaient plus qu'à l'état de vague souvenir au moment où se produisit le grand mouvement de 1789.

Il paraîtrait, d'après M. Guénebault, que Bonaparte avait acquis, par ses antécédents, des titres particuliers à la bienveillance ainsi qu'à la confiance de la secte maçonnique. On vient d'en voir la preuve évidente dans la *tradition* imaginaire qu'elle lui fit des fantastiques libertés publiques de l'ancien régime. Votre collaborateur veut absolument que l'auteur du 18 brumaire, ait, au préalable, donné à la Révolution et à la Franc-maçonnerie, ce qui est tout un, « des gages incontestables de son dévoue-» ment à leurs doctrines, comme à leurs œuvres. »

S'il entend que Bonaparte a donné des gages d'adhésion et de dévouement aux principes fondamentaux de la révolution d'où sont sorties la France et la société modernes, il ne se trompe pas. S'il entend au contraire, en faire un révolutionnaire ultra et jacobin, ayant approuvé tous les actes, même les plus excessifs et les plus violents de la période appelée révolutionnaire, il se trompe et il calomnie, je dirai même, qu'il outrage celui dont il parle. Si les principes qui ont servi de point de départ et de base à la Révolution l'ont compté au nombre de leurs plus fervents et plus fidèles partisans, s'il a été leur glorieux serviteur, s'il les a toujours avoués et revendiqués même à Sainte-Hélène (1), par contre les excès criminels et sanglants qui ont signalé certaines phases de la Révolution, n'ont jamais trouvé grâce à ses yeux ; en toutes circonstances il s'en est montré l'énergique désapprobateur. Je le démontrerai tout à l'heure.

Mais auparavant il faut que je débarrasse le terrain de la discussion d'une ordure que M. Guénebault n'a pas craint d'aller ramasser dans la *souillarde* de l'histoire, pour l'étaler sans scrupule ni réserve dans les colonnes de *la Vendée*.

Je veux parler de la prétendue lettre cannibalesque, que Hébert et Marat eux-mêmes n'eussent pas avouée, et que Bonaparte, aurait, affirme votre collaborateur, écrite à la Convention pour lui faire savoir, en se félicitant de la chose, que d'affreux et impitoyables massacres avaient signalé l'entrée de l'armée française dans la ville de Toulon reconquise.

Cette lettre, stupide de férocité et d'invraisemblance, rentre dans la catégorie des écrits faussement attribués à Napoléon, lesquels sont plus nombreux qu'on le croirait, ainsi que l'a fait remarquer l'un de ses plus sérieux biographes, M. Rapetti. « Ces » écrits, dit-il, sont autant de mystifications. Les » uns ont eu un but de lucre, d'autres un but de » calomnie et de dénigrement. C'est à ce dernier » but, à cette vilaine passion qu'ont obéi ceux qui

(1) Rien ne saurait effacer et détruire les grands principes de notre Révolution ; ces grandes et belles vérités seront la foi de tous les peuples, dit un jour Napoléon.

» ont fabriqué les *Quarante lettres d'amours*, la
» *Lettre écrite par Napoléon du milieu des mas-*
» *sacres de Toulon,* etc., etc. Ces écrits apocryphes
» ne sont que méprisables. »

Malheureusement, pour sa dignité d'écrivain,
M. Guénebault en a jugé autrement; il n'a pas su
mépriser ce qui est méprisable. Après tout c'est son
affaire plus que la mienne.

Il y a longtemps d'ailleurs que la fausseté de cette
abominable lettre est un fait acquis et que l'on
n'osait plus la citer. Un écrivain, un biographe,
tout aussi fervent royaliste que peut l'être M. Guénebault, et comme lui très monté contre les principes de la Révolution, lui a refusé loyalement, il y
a de cela longtemps déjà, toute authenticité. Il
s'agit de Michaud jeune, frère de Joseph Michaud
et son collaborateur pour la *Biographie ancienne et
moderne* qui porte leur nom. Voici ce qu'on lit à ce
sujet au tome 75ᵐᵉ (supplément) de cet ouvrage à
l'article NAPOLÉON :

« Il a été dit dans quelques écrits que ce fut
» Napoléon qui commanda ces exécutions (celles
» qui eurent lieu à Toulon après la prise), et l'on
» cite une lettre signée *Brutus Buonaparte* dans
» laquelle il en aurait rendu compte avec d'horribles
» expressions. Quel que fut le délire de cette époque
» et la part qu'y prit le jeune officier (?), *nous ne
» doutons pas qu'en cela il n'ait été calomnié*; et,
» pour le prouver péremptoirement, il suffira de
» rappeler que les massacres de Toulon furent
» exécutés par des décharges de mousqueterie, et
» que Bonaparte n'y commanda jamais que l'artil-
» lerie. Il a donné à entendre plus tard que cette

» horrible lettre pourrait bien avoir été écrite par
» son frère Lucien, dont l'exaltation révolutionnaire
» surpassait beaucoup la sienne (1). Quant à lui,
» nous pensons qu'après la victoire il fut plus
» occupé des moyens d'en tirer parti pour son
» avancement que pour toute autre chose. »

La teinte de malveillance qui règne dans ce petit
morceau donne du prix et du poids à l'opinion de
l'écrivain sur la fausseté de la lettre en question.

D'ailleurs, cette *horrible* lettre, dans laquelle il
est dit que « ni l'âge, ni le sexe ne furent épargnés,

---

(1) Je ne crois pas, et je ne suis pas le seul, que Lucien
ait écrit cette lettre. Il avait beaucoup d'esprit, et elle est
très bête. Il n'était ni au siège ni à la prise de Toulon. A
quel titre l'eût-il adressée à la Convention? Il n'avait aucune
qualité pour cela. Il était dès lors républicain comme il le
fut toute sa vie, mais il l'était avec une certaine exagération
qui déplaisait fort à son frère, ainsi que le constate ce qu'il
arriva au général Bonaparte de dire de lui en 1796 : « Lucien
» s'est compromis plusieurs fois en 1793, malgré les conseils
» réitérés que je n'ai cessé de lui donner. Il voulait faire le
» jacobin, de sorte que si, heureusement pour lui, les *dix-*
» *huit ans* qu'il avait alors n'étaient son excuse, il se serait
» trouvé compromis avec le petit nombre d'hommes *opprobre*
» *de la nature.* »
Il faut dire à l'honneur de Lucien que son exaltation révolutionnaire ne dura pas longtemps. Envoyé en 1793 de la
Corse en France par le parti français pour solliciter des
secours contre ceux qui voulait livrer sa patrie à l'Angleterre,
il eut occasion d'assister à quelques séances de la société
populaire de Marseille. Indigné de ce qu'il y avait entendu,
il ne voulut pas continuer sa mission et renonça à se rendre
à Paris pour s'aboucher avec la société des Jacobins. Dès
lors, s'il resta républicain, il fut toujours dans les modérés,
et M. de Barante a pu justement dire de lui : « Lucien était
» républicain, mais point jacobin ».

» et que ceux qui n'avaient été que blessés par le
» canon républicain ont été dépecés par le glaive
» de la liberté et par la baïonnette de l'égalité, »
est fausse quant à la nature des exécutions et à
leur véritable importance. Il y eut du sang versé, il
y eut une vengeance exercée selon les impitoyables
lois de l'époque, mais l'armée et ses chefs n'y
furent pour rien. Ce fut l'œuvre des représentants
du peuple Fréron et Barras.

A Sainte-Hélène, Napoléon a dicté par deux fois
à ses compagnons d'exil, les généraux de Montholon
et Gourgaud, un récit intitulé : *Siège de Toulon*, qui
est un morceau vraiment capital et définitif. Je ne
crois pas qu'il y ait rien de mieux écrit sur cet événement mémorable qui vit le premier pas du héros
dans la carrière de la gloire. C'est de l'histoire
militaire à la façon de César. Je vais en extraire
ce qui se rapporte à l'entrée de l'armée française
dans Toulon :

« Le 18 décembre 1793 (28 frimaire an II), à dix
» heures du soir, le colonel Cervoni jeta une porte
» à terre et entra à la tête d'une patrouille de deux
» cents hommes. Il parcourut toute la ville... Immé-
» diatement après, les troupes destinées à la garde
» de la ville entrèrent. Le désordre était extrême à
» l'arsenal de la marine : huit ou neuf cents galériens
» travaillaient à éteindre le feu. Ces forçats avaient
» rendu les plus grands services ; ils avaient imposé
» à l'officier anglais, Sidney-Smith, chargé de
» brûler les vaisseaux et l'arsenal; cet officier
» s'acquitta fort mal de cette tâche ; la République
» lui doit les trésors bien précieux qu'elle y retrouva.
» Napoléon s'y rendit avec tout ce qu'il y avait de

» canonniers et d'ouvriers disponibles ; il réussit,
» après plusieurs jours, à éteindre le feu et à con-
» server l'arsenal...

» L'armée fit son entrée le 19. Depuis soixante et
» douze jours elle était sous les armes au milieu de
» la boue et de la pluie. Elle se livra, dans la ville,
» à des désordres qui semblaient autorisés par les
» promesses faites aux soldats pendant le siège. Le
» général en chef (Coquille-Dugommier), rétablit
» l'ordre en déclarant que toutes les propriétés de
» Toulon étaient propriétés de l'armée...

» L'émigration de Toulon fut très considérable ;
» les vaisseaux anglais, napolitains et espagnols en
» étaient encombrés. On dit que le nombre de ces
» émigrés était de quatorze mille....

» Les représentants établirent un tribunal révo-
» lutionnaire selon les lois du temps ; mais tous les
» coupables (ceux qui avaient livré Toulon), étaient
» échappés ; ils avaient suivi l'ennemi ; tout ce qui
» s'était résolu à rester était innocent. Cependant
» ce tribunal fit arrêter plusieurs personnes qui, par
» divers accidents, n'avaient pu suivre l'ennemi et
» les fit punir en expiation de leur forfait. Mais
» *huit* ou *dix* victimes étaient peu ; *on eut recours à*
» *un moyen affreux qui caractérise l'esprit de cette*
» *période :* on fit publier que tous ceux qui avaient
» eu de l'emploi dans l'arsenal du temps des Anglais
» eussent à se rendre au Champ-de-Mars afin de
» donner leurs noms ; on leur insinua que c'était
» pour les réemployer. A peu près deux cents
» personnes, chefs ouvriers, petits commis et gens
» subalternes s'y rendirent de bonne foi ; on prit
» leurs noms, on constata qu'ils avaient conservé

7

» leurs emplois sous le gouvernement anglais, et
» aussitôt le tribunal révolutionnaire, en plein
» champ, les condamne à mort. Un bataillon de
» sans-culottes et de Marseillais, commandé à cet
» effet, les fusilla (1). Cette action n'a pas besoin
» de commentaire, mais c'est la seule exécution
» qui ait été faite à Toulon. Il est faux qu'on ait
» mitraillé qui que ce soit, le commandant d'artil-
» lerie (Bonaparte) et les canonniers ne s'y fussent
» pas prêtés. A Lyon, ce furent les canonniers de
» l'armée révolutionnaire qui commirent ces hor-
» reurs.

   » Depuis, un décret de la Convention donna au
» port de Toulon le nom de *Port-la-Montagne,* et
» ordonna que tous les édifices publics fussent
» démolis, excepté ceux jugés nécessaires pour la
» marine et le service public. Ce décret *extravagant*
» fut mis à exécution, mais avec beaucoup de len-
» teur; cinq ou six maisons seulement furent
» démolies, et peu de temps après reconstruites. » (2)

(1) Ce chiffre de 200 victimes, trop élevé encore aux yeux
de l'humanité et de la justice, diffère des chiffres donnés par
certains écrivains mal informés ou systématiquement par-
tiaux. C'est ainsi que dans sa *Biographie universelle,* à
l'article *Napoléon,* précité, Michaud jeune a écrit que l'on
compta *deux mille victimes dans une semaine.* Thiers, dans
son *Histoire de la Révolution,* adopte le chiffre de deux
cents. « A Toulon, écrit-il, les représentants Fréron et
» Barras avaient fait *mitrailler* (c'est *fusiller* qu'il fallait
» dire), deux cents habitants, et avaient puni sur eux un
» crime dont les véritables auteurs s'étaient sauvés sur les
» escadres étrangères.

   (2) *Commentaires de Napoléon I*er, tome Ier. Imprimerie
Impériale, 1867.

Quoi de plus simple, et j'ajoute de plus honnête, de plus sincère que ce récit! Les faits qui y sont narrés, les sentiments qui y sont exprimés, l'indignation qui s'y manifeste, sont en opposition formelle, en contradiction absolue avec l'abominable accusation dirigée par M. Guénebault contre le jeune (il avait vingt-quatre ans) et noble officier dont le génie militaire, à son aurore, contribua si puissamment à restituer à la France son grand arsenal de la Méditerranée.

Bonaparte ne se borna pas à désapprouver les actes de vengeance auxquels les représentants de la Convention se livrèrent après la réoccupation de Toulon. Il fit plus : il chercha et il réussit à leur soustraire plusieurs malheureux.

Marmont, le futur maréchal de l'Empire, duc de Raguse, qui depuis..... mais alors il était lieutenant d'artillerie, servait pendant le siège de Toulon à côté et sous les ordres immédiats du futur Empereur. Il fut donc témoin de ce qui s'y est passé. Or, dans ses *Mémoires*, il dit à propos des exécutions :

« Bonaparte, devenu puissant, employa son
» crédit plusieurs fois avec succès pour sauver
» quelques victimes; *il voyait ce spectacle avec*
» *horreur ;* il fut l'intermédiaire dont je me servis
» pour obtenir la vie de plusieurs malheureux qui
» s'adressèrent à moi... Excepté les massacres de
» Toulon, aucun acte arbitraire, aucune destitution
» même n'eut lieu, à ma connaissance, pendant les
» six mois qui s'écoulèrent jusqu'au 9 thermidor :
» espèce de phénomène que la vérité oblige de
» reconnaître pour l'ouvrage du général Bonaparte,
» qui employa utilement, et avec grand succès, son

» influence sur l'esprit des représentants. Éloigné
» par caractère de tous les excès, il avait pris les
» couleurs de la Révolution sans aucun goût... »

Plusieurs mois après la prise de Toulon, Bonaparte, toujours *fidèle à l'exécution du programme
de la secte à laquelle il appartenait,* donna une
preuve originale de cette criminelle fidélité en sau-
vant d'une mort certaine et cruelle *toute une famille
d'émigrés* et deux représentants du peuple.

Je ne crois pas pouvoir mieux faire que de laisser
au coupable lui-même, c'est-à-dire à Bonaparte,
le soin de raconter comment cela se fit :

« Depuis le 9 thermidor (27 juillet 1797), le
» Midi était fort agité. Le tribunal révolutionnaire
» de Marseille avait fait périr sur l'échafaud toute
» l'élite du commerce de cette ville. Les jacobins...
» avaient encore la haute main... La population de
» Toulon, tous les ouvriers de l'arsenal, les équi-
» pages de l'escadre, tenaient à ce parti; ils
» voyaient avec défaveur les représentants du
» peuple Mariette et Cambon, qu'ils accusaient
» d'être du parti des réacteurs.

» Dans ces circonstances, un corsaire français
» amena à Toulon une prise espagnole ; elle avait à
» bord une vingtaine d'émigrés, la plus grande partie
» de la famille Chabrillant ; un rassemblement
» tumultueux eut lieu à l'arsenal et dans les rues ;
» on se porta aux prisons pour égorger ces malheu-
» reux. Les représentants se rendirent à l'arsenal ;
» après avoir harangué dans une salle des officiers
» d'administration, ils haranguèrent les ouvriers
» dans les chantiers, leur promirent de traduire les
» émigrés à une commission extraordinaire et de

» les faire juger dans les vingt-quatre heures, mais
» ils étaient eux-mêmes suspectés; ils n'avaient
» aucune influence sur l'opinion; leurs discours
» furent mal interprétés. Une voix se fit entendre :
» *A la lanterne les protecteurs des émigrés !* La
» journée avançait, on commençait à allumer les
» reverbères. Le tapage devenait horrible, la foule
» tumultueuse. La garde accourut et fut repoussée.

» Dans cette circonstance, Napoléon reconnut,
» parmi les chefs du tumulte, plusieurs canonniers
» qui avaient servi sous lui au siège de Toulon.
» Il monta sur un chantier; les canonniers firent
» respecter leur général et imposèrent silence; il
» eut le bonheur de faire effet, de calmer les passions
» de cette aveugle multitude. Les représentants sor-
» tirent sains et saufs de l'arsenal.

» Mais le désordre était plus grand encore dans
» les rues. Aux portes des prisons, la résistance de
» la garde commençait à mollir; il s'y rendit, le
» peuple fut contenu; il promit que le lendemain au
» jour les émigrés seraient traduits et jugés.

» Il n'eût pas été facile de persuader, ce qui
» cependant était de toute évidence, que ces émigrés
» n'étaient pas dans le cas de la loi, puisqu'ils
» n'avaient pas violé leur ban. Dans la nuit il les fit
» placer dans des caissons de parc, et les fit sortir de
» la ville comme un convoi d'artillerie; un bateau
» les attendait dans la rade d'Hyères, où ils s'em-
» barquèrent et furent ainsi sauvés. »

Je me plais à croire que si votre collaborateur eût
connu la vraie conduite de Bonaparte à Toulon,
après le siège et la prise, ainsi que les faits si honorables et si naturels que je viens de rapporter, il

n'aurait pas eu la déplorable idée de lui reprocher
d'avoir écrit l'*horrible lettre* et de ne l'avoir désavouée
que longtemps après, preuve de son embarras et
indice de sa culpabilité.

Il n'existe nulle trace dans les œuvres de Napoléon
et dans les ouvrages vraiment sérieux et honnêtes
qu'il ait jamais pris la peine de désavouer une pareille
stupidité. « Quand il fut devenu un grand person-
» nage, dit le comte de Las Cases, la calomnie essaya
» de diriger l'odieux des exécutions de Toulon sur
» sa personne. « Ce serait se dégrader que de
» chercher à y répondre », répliqua l'Empereur. »

J'apprendrai à M. Guénebault, qui me paraît n'avoir
étudié la personne morale et historique de Napoléon Ier
que dans des publications hostiles et injurieuses,
qu'un des traits les plus prononcés et les plus
remarquables de son caractère, fut toujours le dédain
le plus absolu des calomnies, des mensonges, des
outrages, et j'ajoute, des inepties auxquels il fut en
butte. Il ne fit jamais l'honneur d'un désaveu ou
d'une réfutation à ces misérables produits de la
passion et de la haine, fabriqués lorsqu'il était tout-
puissant dans les officines de l'Angleterre et de
l'émigration, ou, quand il fut tombé, dans les bureaux
de la presse royaliste, souvent, hélas ! sous les
auspices et avec l'argent de la police de la Restauration. Son esprit était de trop haut vol pour s'abaisser
jusqu'à ces ignominies (1).

(1) Parmi les pamphlets qui surgirent après la chute de
Napoléon, le type de ces « *brigandages littéraires* » fut le
libelle ayant pour titre : *Le Brigand Corse, ou crimes, forfaits,
attentats et péchés de Nicolas (?) Bonaparte*, depuis l'âge de
13 ans jusqu'à son exil à Sainte-Hélène (Paris 1814-1815).

« Le mensonge passe, dit-il un jour à Sainte-
» Hélène, à propos des pamphlets faits contre lui;
» la vérité reste. Les gens sages, la postérité surtout,
» ne jugent que sur des faits. Les gens d'esprit et de
» jugement me reviendront ; *je ne conserverai pour*
» *ennemis que des sots ou des méchants.,.* La
» calomnie a épuisé tous ses venins contre ma per-
» sonne, contre ma vie... »

Je n'aurais que l'embarras du choix pour citer des
exemples de ce dédain et de ce mépris de Napoléon
à l'égard des injures et des calomnies. Je n'en rappor-
terai qu'un seul, celui que j'appellerai le cas du comte
d'Entraignes. Cet émigré s'était fait en Italie, « un
» des principaux agents de l'étranger, et un véritable
» entremetteur d'intrigues. » A Venise, où il s'était
» fixé, il s'était placé à la tête de tous les complots
» d'espionnage et d'insurrection contre l'armée fran-
» çaise ; il était soupçonné d'avoir eu une grande part
» dans les massacres de Vérone. » Tombé entre nos
mains lors de l'entrée de l'armée française dans les
Etats-Vénitiens (en 1797), il fut trouvé porteur de

Le Brigand Corse eut plusieurs éditions. La police royale
avait lancé cet abject libelle.

Cette ignominie avait été précédée par le pamphlet de
Chateaubriand, *de Buonaparte et des Bourbons*, qui donna le
signal à cette explosion d'écrits ignobles qui n'est pas une des
moindres souillures des premiers mois de 1814. Aujourd'hui
on ne les connaît plus, mais celui-ci n'est pas encore assez
oublié pour la gloire de Chateaubriand. (Rapetti, article
Napoléon, de la Biographie universelle des frères Didot.)

J'ajoute, à l'honneur et à la gloire de Napoléon Ier et de
Napoléon III, qu'ils n'ont jamais eu recours à l'arme empoi-
sonnée des libelles et des pamphlets pour se défendre et se
venger de leurs ennemis.

papiers si compromettants, que le Directoire donna l'ordre de le traduire devant une commission militaire. C'en était fait de sa vie ; mais le général en chef de l'armée d'Italie, autrement dit Bonaparte, s'intéressa à lui, en obtint des confidences précieuses, et permit qu'il habitât Milan en liberté et sans garde, sur parole. On le laissa se sauver en Suisse.

Il s'empressa d'y composer et de faire répandre en Italie et en Allemagne un pamphlet contre son bienfaiteur dans lequel il « peignait l'horrible cachot » dans lequel il avait été enfermé, les tourments » qu'il avait soufferts, l'audace qu'il avait déployée » et les dangers qu'il avait courus pour en sortir. » L'indignation fut extrême à Milan, où on l'avait » vu dans toutes les sociétés, aux promenades, aux » spectacles jouissant de la plus grande liberté » (1). Seul Bonaparte ne s'en émut pas et ne fit rien pour confondre l'ingrat et le calomniateur.

Pour en finir avec *l'horrible lettre*, je dirai qu'on possède toutes celles que Bonaparte écrivit durant et après le siège de Toulon. Elles sont, sans exception, des lettres de métier, c'est-à-dire relatives au service de l'artillerie. Dans une d'elles, adressée au citoyen Dupin, adjoint au ministre de la guerre, datée d'Ollioules le 4 nivôse an II (21 décembre 1793), il se borne de donner quelques détails techniques sur la situation dans laquelle l'armée a trouvé la place de Toulon, en ce qui est de son armement (2).

(1) *Commentaires de Napoléon Ier*, tome IIe (négociations de 1797.)

(2) Voir le premier volume de la *Correspondance de Napoléon Ier*, publiée par ordre de l'Empereur Napoléon III, tout au commencement.

Voilà, ce me semble, une calomnie de M. Guénebault irrémissiblement confondue et coulée à fond.

Je passe à une autre, qui s'étale dans le même
alinéa, et qui est aussi une énormité. Jugez-en :
M. Guénebault écrit qu'à cette époque, c'est-à-dire
lors de la prise de Toulon, Bonaparte était *l'homme
de confiance de Robespierre*. Oui, il dit cela de lui-
même, sans barguigner, avec cette naïveté audacieuse
d'affirmation qui lui fait attribuer à Bonaparte le
coup d'Etat du 18 fructidor.

Votre collaborateur semble ignorer qu'il n'y a pas
eu qu'un Robespierre, qu'il y en eut deux qui étaient
frères, l'un et l'autre députés à la Convention.

Le premier, l'aîné, le fameux, le terrible, le chef du
parti jacobin, le président du Comité de Salut public,
le dictateur de la *Terreur,* celui qui fit décréter l'existence d'un Être suprême et l'immortalité de l'âme, le
froidement féroce disciple de Jean-Jacques Rousseau,
en un mot, l'*incorruptible* Maximilien, n'eut de
rapports personnels d'aucune sorte et en aucune
circonstance avec Bonaparte. A Sainte-Hélène, en
appréciant son caractère et son rôle, Napoléon dit
qu'il ne l'avait pas connu, et c'était parfaitement
vrai. Où et comment l'eût-il connu ? En 1793, âgé
de 31 ans, Maximilien Robespierre, qui avait fait
partie des Etats-Généraux et de la Constituante,
était un personnage politique tout à fait en vue ;
il dominait au club des Jacobins et à la Convention.
Bonaparte, lui, âgé de 24 ans, simple capitaine
d'artillerie, était perdu dans les rangs de l'armée, et
rien ne faisait encore prévoir le rôle qu'il devait
jouer dans un prochain avenir. « Il était encore
» inconnu au monde, qu'il devait remplir de son

» nom. » Donc, il ne pouvait être et ne fut pas *l'homme de confiance* de Robespierre, selon la plus que singulière expression de M. Guénebault.

Ce qui a égaré votre trop peu scrupuleux collaborateur, c'est qu'il a confondu Maximilien avec un frère à lui, qui était son cadet et avait pour prénoms ceux d'Augustin-Bon-Joseph. Il est connu sous le nom de Robespierre le jeune, et ne saurait, vu ses sentiments d'humanité, être confondu avec Maximilien. Celui-là, Bonaparte le connut beaucoup, et eut avec lui des relations assez intimes, mais accidentelles et temporaires. Voici à quelle occasion :

Lorsque Bonaparte, ou mieux Buonaparte (1), alors capitaine d'artillerie, et servant en cette qualité à l'armée d'Italie, dont le quartier général était à Nice, arriva à celui de l'armée qui faisait le siège de Toulon, il y trouva ou plutôt y retrouva parmi les représentants du peuple qui y étaient en mission, Robespierre le jeune, qui déjà était représentant à l'armée d'Italie. C'était un homme de mœurs douces, de bon sens et de courage. « Il était, dit Marmont, » duc de Raguse, dans ses *Mémoires,* simple et » même raisonnable d'opinion, au moins par com- » paraison avec les folies de l'époque, et blâmait » hautement tous les actes atroces dont les récits » nous étaient faits. Il ne voyait et ne jugeait que » par Bonaparte. » Lorsqu'ils se retrouvèrent après le siège de Toulon, à Nice, au quartier général de l'armée d'Italie, auquel Bonaparte, fait général de brigade en récompense de ses services exceptionnels,

(1) Ce n'est qu'après le siège de Toulon, et alors qu'il commandait, comme général de brigade, l'artillerie de l'armée d'Italie, à Nice, qu'il commença à signer *Bonaparte.*

avait été attaché pour y commander l'artillerie, leurs rapports devinrent plus intimes et plus fréquents. Robespierre le jeune s'éprit d'un vif enthousiasme pour le jeune général, le soutint et l'appuya dans toutes circonstances, tant auprès de ses collèges qu'auprès du général Dumerbien, qui commandait en chef l'armée. Ce fut surtout à la sympathie affectueuse qu'il sut inspirer à ce représentant que Bonaparte put faire adopter des plans dont l'exécution ne fut qu'ébauchée, et desquels l'immortelle campagne de 1796 devait voir la réalisation.

Tout naturellement, Robespierre le jeune entretenait son aîné des hommes et des choses de l'armée d'Italie. Il existe une lettre de lui datée de Nice, le 16 germinal an II (2 avril 1794), dans laquelle il est question de Bonaparte dans un *post-scriptum* ainsi conçu: « J'ajoute aux patriotes que je t'ai déjà » nommés, le citoyen Buonaparte, général, chef de » l'artillerie, d'*un mérite transcendant*. Ce dernier » est Corse... »

Frappé qu'il était de la haute intelligence et des conceptions à la fois profondes et lumineuses de Bonaparte, Robespierre le jeune conçut l'idée de l'attirer à Paris afin de le faire substituer à l'ivrogne Hanriot dans le commandement de la force armée de cette ville. Le baron de Costou, dit dans sa précieuse biographie précitée, qu'au moment de quitter Nice pour se rendre à Paris, où il était rappelé par son frère, quelque temps avant le 9 thermidor, Robespierre le jeune avait, au nom de Maximilien, pressé le général Bonaparte de l'accompagner à Paris, à l'effet de remplacer ledit Hanriot, ce qu'il refusa péremptoirement. Voici ce que raconte le biographe précité,

et que je recommande à M. Guénebault, qui veut
absolument faire de Bonaparte un jacobin et un
robespierriste :

« Vers cette époque, Napoléon, voulant rapprocher
» sa famille de lui, l'avait attirée au château *Sallé*,
» à un quart de lieue d'Antibes. Joseph (frère aîné de
» Napoléon) y était venu passer quelques jours, de
» Saint-Maximin ; ils étaient tous réunis. Un jour
» Napoléon y arriva de Nice, plus préoccupé que de
» coutume, et se promenait entre Joseph et Lucien,
» à qui il annonça qu'il ne dépendait que de lui de
» partir dès le lendemain pour Paris, en position
» de les établir tous avantageusement.

« On m'offre, ajouta Napoléon, la place de
» Hanriot ; je dois donner une réponse ce soir.
» Eh bien ! qu'en dites-vous ? » Ses frères hésitèrent
» un moment. « Eh ! eh ! reprit le général, cela
» vaut bien la peine d'y penser ; il ne s'agirait pas
» de faire l'enthousiaste ; il n'est pas si facile de
» sauver sa tête à Paris qu'à Saint-Maximin.
» Robespierre jeune est honnête, mais son frère ne
» badine pas. *Il faudrait le servir ; moi ! soutenir*
» *cet homme ! non, jamais !* Je sais combien je lui
» serais utile en remplaçant son imbécile comman-
» dant de Paris, mais c'est ce que je ne veux pas
» être ; il n'est pas temps, aujourd'hui ; il n'y a de
» place honorable pour moi qu'à l'armée. Prenez
» patience, je commanderai Paris plus tard. »

» Telles furent les paroles de Napoléon, qui
» exprima ensuite son indignation contre le régime
» de la Terreur, dont il annonça la chute prochaine,
» et finit par répéter plusieurs fois, moitié sombre

» et moitié souriant : « Qu'irais-je faire dans cette
» maudite galère? »

» Robespierre jeune sollicita vainement Napoléon.
» Peu après il partit de Nice pour Paris... » (1)

A ce propos, Napoléon dit un jour, à Sainte-Hélène : « Si je n'eusse inflexiblement refusé,
» sait-on où pouvait me conduire un premier pas,
» et quelles autres destinées m'attendaient? »

Après le 9 thermidor, les rapports amicaux qui
avaient existé entre Bonaparte et Robespierre le
jeune furent interprétés défavorablement; Bonaparte fut dénoncé aux représentants du peuple
comme ayant eu des sympathies, sinon des liens,
avec les hommes du parti qui venait de succomber.
En exécution d'un ordre, daté de Barcelonnette le
10 thermidor de l'an II de la République française
une et indivisible et démocratique, signé Albitte,
Salicetti et La Porte, il fut mis en état d'arrestation
et emprisonné, en attendant sa translation à Paris,
au fort Carré d'Antibes.

Sans entrer dans le détail des faits et circonstances
qui amenèrent cette mesure de rigueur et de suspicion, ce qui m'entraînerait trop loin, je me bornerai
à dire qu'on ne trouva rien de compromettant dans
les papiers du prisonnier; que toute sa conduite fut
reconnue irréprochable ; que les représentants
furent les premiers à regretter leur précipitation ;
qu'ils ne tardèrent pas à prononcer l'élargissement
du faux suspect; qu'ils firent savoir au Comité de
Salut public qu'on n'avait aucune raison pour

(1) *Biographie des premières années de Napoléon Bonaparte*, 1er vol., chap. XVII, p. 318, 319 et 320.

ne pas maintenir Bonaparte dans son grade et dans son commandement ; qu'ils profitèrent de l'occasion pour faire l'éloge de ses talents militaires et en proclamer l'indispensable utilité pour le succès des opérations de l'armée d'Italie.

Par tout ce qui précède, on voit que M. Guénebault a été on ne peut plus mal inspiré en enrôlant Bonaparte dans le parti violent et jacobin de la Révolution, et en faisant de cet homme, si supérieur à tout ce qui l'entourait et si altier dans ses pensées et dans ses ambitions, *l'homme de confiance d'un Robespierre.*

Il l'a été tout autant en en faisant un jacobin et un révolutionnaire. Bonaparte ne fut ni l'un ni l'autre, même dans ses jeunes années. Comme la génération de 1789, il fut profondément impressionné et agité par les aspirations d'alors ; comme les quatre cinquièmes des Français, il embrassa la grande cause de l'égalité civile. Tout en se déclarant, à l'exemple et à la suite de l'élite intellectuelle et généreuse de la France, noblesse, clergé, bourgeoisie, pour la réformation de l'État et de la société, il eût voulu que cette réformation se fît par le pouvoir lui-même, et non par une révolution. J'ai cité son opinion sur les révolutions, qu'il a qualifiées de *fléaux.* Il eût désiré que sous les auspices et par les soins d'un pouvoir fort et se faisant respecter, il se fût opéré une transaction à l'amiable entre l'ancien régime et les idées nouvelles, dont il était partisan déclaré, ardent même, mais non intransigeant.

Il s'était fait une très haute, très grande idée du *pouvoir ;* il ne le concevait qu'intelligent, prévoyant, respectable et respecté. Jamais homme ne fut moins révolutionnaire que lui ; il avait horreur du désordre et de la démagogie ; il n'eût certainement rien fait pour saper l'édifice de la Monarchie ; si, au lieu d'être un tout petit officier en 1789 et années suivantes, il eût été officier général, on est en droit de supposer qu'il se fût frayé des mains et des coudes, au besoin avec son épée, un chemin qui lui aurait permis de jouer un rôle plus efficace que celui que joua Lafayette, et que voulut jouer Mirabeau repentant. Il aurait sauvé la Monarchie, mais en la transformant, en la régénérant.

Les faiblesses déplorables de cette vieille Monarchie en décadence, et les humiliations qui en étaient l'inévitable conséquence, l'indignaient profondément. Il le fit voir le 20 juin 1792, lorsque, suivant son expression, la *canaille* envahit le palais des Tuileries et abreuva d'outrages le malheureux Louis XVI. De la terrasse du bord de l'eau où il se trouvait avec l'auvelet de Bourienne, son camarade d'école, il vit apparaître à une fenêtre du château le Roi de France, le descendant de Henri IV et de Louis XIV, la tête coiffée d'un bonnet rouge.

« A quelques pas de là, dit Louis Blanc, dans son » *Histoire* jacobine de la Révolution, un jeune » officier au regard profond, au visage pâle et » maigre, contemplait cette scène, immobile, muet, » mais indigné. « Les misérables ! s'écria-t-il soudain, » on devrait mitrailler les premiers cinq-cents ; le » reste prendrait bien vite la fuite. »

« Comment a-t-on pu laisser entrer cette canaille, » dit un autre récit ? Il fallait en balayer quatre à » cinq cents, et le reste courrait encore ; » et il

blâmait véhémentement la pusillanimité des conseillers et des défenseurs du monarque (1).

Le spectacle horrible que présentait le palais des
Tuileries après le 10 août 1792, et qu'il eut la douleur
de voir, lui inspira les mêmes sentiments ; il en
parlait encore avec une vive émotion à Sainte-
Hélène. Il ne comprenait pas que le Roi, qui ne
l'était déjà plus qu'à l'état de fantôme, mais qui
pouvait encore se défendre, ne l'eût pas fait quand
même. « Le château, dit-il, se trouvait attaqué par
» *la plus vile canaille*. Le Roi avait assurément, pour
» se défendre, au moins autant de troupes qu'on eut
» depuis la Convention au 13 vendémiaire, et les
» ennemis de celle-ci étaient autrement disciplinés

(1) Napoléon, avec l'idée, je devrais dire l'idéal, qu'il se
faisait du pouvoir, pensait et professait que celui-ci, ayant
charge d'âmes et d'intérêts, devait se défendre vigoureuse-
ment, *manu militari* si c'était nécessaire, contre qui l'atta-
quait pour le renverser. Il eut l'occasion d'exprimer très
nettement son sentiment à ce sujet la veille même du 13 vendémiaire, de ce jour fameux où il défendit la Convention,
surtout parce qu'elle était le *Pouvoir*, et qu'elle, abattue, la
France tomberait dans l'anarchie. On sait que le général de
Menou, qui commandait à Paris la force armée, ayant reçu
l'ordre de dissiper les sectionnaires royalistes qui se préparaient à assaillir et à renverser la Convention, s'était laissé
prendre, comme dans une souricière, par lesdits sectionnaires
avec toute sa troupe et ne s'était retiré de leurs mains qu'à
l'aide d'une espèce de capitulation. On l'avait, pour ce fait,
emprisonné dans une salle même du palais des Tuileries,
siège de la Convention. Bonaparte ayant été appelé à commander les troupes en son lieu et place, alla le voir pour
en obtenir des renseignements dont il avait besoin. Dans le
cours de l'entretien, Menou lui dit : « Je suis puni pour
» n'avoir pas voulu verser le sang de mes concitoyens, » à
quoi Bonaparte répondit : « Vous avez eu tort, général, et

» et redoutables. La plus grande partie de la garde
» nationale se montra pour le Roi ; c'est une justice
» à lui rendre. » (1)

D'ailleurs, il eut toujours horreur des guerres
civiles ; il le prouva d'une façon éclatante à deux
reprises différentes : la première fois, alors qu'après
avoir été mis à pied ou en réforme par Aubry,
membre du Comité de Salut public, chargé de la
partie militaire, il fut replacé et appelé au commandement d'une brigade d'infanterie en Vendée,
et qu'il le refusa, surtout, dit le baron de Coston,
à cause de la nature de cette guerre ; c'était, dit-il
alors, « l'affaire d'un général de gendarmerie » —
la seconde fois, lorsque après le 13 vendémiaire an IV
(5 octobre 1795), nommé au commandement en chef
de l'armée de l'Intérieur, il s'empressa de l'échanger,
malgré son tout récent mariage et les avantages
qui y étaient attachés, pour celui de l'armée d'Italie.
Il estimait qu'il n'y avait de vraie gloire à conquérir
qu'en combattant l'Étranger et en défendant contre
lui le sol de la patrie, « Il n'y a point de lauriers,

» grand tort dans cette circonstance ; il y a des instants où
» il y a plus que de la faiblesse à ne pas frapper ; des
» ménagements ne valent plus rien là où la révolte est
» flagrante. »

Que de malheurs, que de crimes eussent été évités, que de
flots de sang n'eussent pas coulé, à quelles calamités et à
quelles horreurs la France eût échappé, si Louis XVI, tout en
se posant en souverain franchement réformateur et populaire,
eût su, à cheval, l'épée à la main, faire respecter sa puissance ainsi que l'autorité dont il était le dépositaire, et dont
il devait être le gardien toujours vigilant !

(1) *Mémorial de Sainte-Hélène.* — Samedi 3 août 1816.

» a-t-il dit, quand ils sont rougis du sang des
» citoyens. » (1)

Marmont, qui fut attaché à Bonaparte dès 1793,
et qui a vécu pendant plusieurs années dans l'intimité
de son état-major particulier, dit dans ses *Mémoires,*
non seulement ainsi que je l'ai déjà rapporté, « qu'il
» avait pris les couleurs de la Révolution sans aucun
» goût, » mais « encore qu'il l'avait fait par calcul
» et par ambition. » On lui prête un mot, notez que
je dis : *On lui prête,* qui serait, s'il était authentique,
la confirmation de celui de Marmont. « Si, au lieu
» d'être lieutenant d'artillerie à l'époque où com-
» mença la Révolution, j'avais été maréchal de
» camp, j'aurais pris le parti de la Cour. »

On peut croire jusqu'à un certain point que Bonaparte ne se rangea pas avec enthousiasme dans le
parti de la Révolution, mais ce serait une erreur
d'affirmer qu'il le fit simplement par calcul et par
ambition.

Il appartenait, dès ses débuts dans la vie active,
dès ses premiers pas dans la vie militaire, à l'immense
parti des idées nouvelles. Tous les documents qu'on

---

(1) Tout jeune, avant le siège de Toulon, Napoléon se
montra opposé à la guerre civile ; il la déplora et la décon-
seilla. Il estimait que les révoltes et insurrections seraient
impuissantes contre la Révolution et ses principes, qu'elles
feraient verser inutilement un sang précieux et pousseraient
à de regrettables excès. Cette manière de voir lui inspira
en 1793 une brochure connue sous le titre : *Le Souper de
Beaucaire,* qu'il fit imprimer à Avignon au mois d'août de la
même année. On la trouva parmi les pièces et documents
annexés à la *Biographie de Napoléon Bonaparte* par le
lieutenant-colonel baron de Coston. Elle est pleine de sagesse
et de sagaces prévisions.

possède sur sa vie morale, à partir de sa sortie de l'école militaire de Paris (septembre 1785), constatent qu'il était de ceux qui se montraient frappés des vices et des abus de la société d'alors. Comme à peu près tout le monde, il pensait qu'il était désirable que des changements fussent apportés à un régime inhérent à une monarchie tout à fait despotique, ayant : pour base et raison d'être une inégalité civile qu'on finissait par trouver révoltante et inique ; pour ressort le privilège en tout, pour tout et par tout.

Liseur infatigable, penseur précoce, il avait nourri son esprit de la philosophie en général et de celle du XVIII° siècle en particulier. Comme toute sa génération, il avait subi le charme pénétrant et souvent dangereux de Jean-Jacques Rousseau. C'est peut-être à cause de ce côté dangereux des doctrines philosophiques que plus tard il traita d'*idéologues* ceux qui les soutenaient et cherchaient à les propager. En 1789, 1790 et 1791, il se classe lui-même parmi les *patriotes,* et ce titre, il le préférait et le préféra à tous autres. En 1786, il témoignait à l'abbé Raynal « une haute admiration de ses écrits », et, en 1791, il concourait pour un prix fondé par le même abbé sur une question purement philosophique.

'La question posée par l'académie de Lyon était celle-ci: « Quelles vérités et quels sentiments importe-t-il le plus d'inculquer aux hommes pour » leur bonheur? »

Le mémoire du lieutenant d'artillerie Bonaparte, alors âgé de vingt deux ans, fut traité de *songe prolongé* par un des examinateurs du concours; un autre y vit l'ouvrage d'un *homme sensible.*

Voici comment cet essai, assez informe d'ailleurs, est apprécié par M. Francisque Bouillier, membre de l'Institut, dans son livre l'*Institut et les Académies de provinces* :

« Ce mémoire, tel qu'il est, a pour nous un intérêt
» qu'il ne pourrait avoir pour ses juges d'alors.
» C'est un de ces rares et curieux monuments de
» cette période peu connue de sept années, à partir
» de l'école militaire jusqu'au siège de Toulon,
» pendant lesquelles, dans d'obscures garnisons,
» s'est formé ce génie extraordinaire qui bientôt
» allait dominer la France et le Monde. Sans vouloir
» en faire ici l'analyse, ni le justifier entièrement
» des dures critiques des examinateurs, nous devons
» au moins louer l'auteur d'élever bien haut les
» plaisirs de l'esprit et du cœur au-dessus du plaisir
» des sens, alors que tant de philosophes affectaient
» de la confondre; nous devons le louer de suivre
» la trace de Rousseau plutôt que celle d'Helvé-
» tius...... » (1)

Il résulte de tout ce qu'on connaît des sentiments de Bonaparte, dans son adolescence et dans sa jeunesse, que pendant les années qui précédèrent

(1) Le mémoire en question, que Napoléon lui-même croyait perdu, a été publié en 1826 par le général Gourgaud, d'après une copie que Louis, frère de l'Empereur, en avait fait prendre. Le baron de Coston l'a reproduit dans son supplément à sa *Biographie de Bonaparte.* On peut aussi, pour se faire une idée du *moral* et de l'*idéal* du futur grand homme, lire dans la *Revue des Deux-Mondes* de l'année 1842 un article très curieux de Libri, intitulé: *Souvenir de la jeunesse de Napoléon.*

1789 et dans celles qui suivirent, il était fortement et sincèrement imprégné des idées du temps, lesquelles étaient, comme je l'ai dit, celles de l'immense majorité, et qu'il se déclara pour elles avec conviction, et non pas, comme le dit Marmont, par calcul et par ambition. Pouvait-il supposer, au début de cette révolution, qu'elle allait ouvrir un champ presque incommensurable à son ambition quelle qu'elle fût?

Mais, tout zélateur qu'il ait été, *ab ovo*, des principes et des aspirations que la Révolution devait appliquer et satisfaire, ce serait à tort et avec injustice qu'on chercherait à faire passer Bonaparte pour un *révolutionnaire*, dans le sens démagogique de ce mot.

Ce ne fut pas sa faute, à lui, si les choses se brouillèrent entre la Monarchie et la Nation, si l'une et l'autre ne purent s'entendre, si le Roi, tout plein de réformatrices intentions, ne sut pas les réaliser, si ses ministres ne surent pas résoudre une simple question de déficit en réformant d'inavouables prodigalités et en abolissant d'odieux privilèges, si tout tourna entre la Royauté et l'Assemblée nationale à l'aigre et à l'aigu, si cette même Royauté se laissa, comme à plaisir, amoindrir, avilir, dégrader, emprisonner, et finalement décapiter?

Fallait-il qu'un tout jeune officier liât son sort avec celui d'une monarchie imprévoyante qui se suicidait elle-même, qui tournait le dos à la France et invoquait l'Étranger pour se maintenir sans se réformer? Devait-il, pouvait-il, lui patriote de cœur et d'âme, déserter la cocarde et le drapeau tricolores pour se réunir aux 25,000 émigrés qui s'organisaient au-delà du Rhin, derrière les armées coalisées, pour envahir le sol national ?

On raconte qu'à Valence, en 1790, une jeune et belle dame excitait le lieutenant Bonaparte à émigrer ; elle mettait à ce prix ses bonnes grâces : « Madame, lui aurait-il répondu, vous êtes charmante ; mais il y a de par le monde une femme dont les faveurs me plaisent encore plus. » Il voulait parler de la France. A une autre femme (1), qui le déconseillait d'émigrer, il dit en souriant : « Le bâton de maréchal de France est mon point de mire ; j'aime mieux le recevoir de la nation que des étrangers. » Il resta sous le drapeau, et il fit bien.

Bonaparte n'était ni révolutionnaire ni jacobin ; il ne le fut jamais, ni à aucun titre, ni sous aucun prétexte, ni dans aucune circonstance. S'il servit la Révolution, faite République, s'il la défendit à l'intérieur, à Toulon, dans la journée du 13 vendémiaire, en Italie, en Égypte, il le fit parce qu'au demeurant c'était le gouvernement, la chose nationale, en un mot la Patrie ; mais il ne la servit et ne la défendit ni dans les hommes qui tour à tour se succédèrent au pouvoir, ni dans les factions diverses qui se partagèrent son gouvernement orageux, ni dans les excès qu'ils commirent et dont il eut toujours horreur. Bref, comme je l'ai dit, il fut patriote constitutionnel tant que dura, tant bien que mal, la constitution décrétée par l'Assemblée nationale et acceptée par le Roi, patriote républicain quand la

_____

(1) Mlle du Colombier, avec qui il allait innocemment cueillir et manger des cerises à la campagne.

République fut décrétée, acceptée ou subie par la
France. Cette conduite aussi sage qu'habile, autant
que ses grands succès militaires, attira sur lui les
regards des honnêtes gens, des bons Français, fit
sa fortune politique, et le sacra à un moment donné
homme nécessaire.

C'est donc avec autant d'injustice que de légèreté
que M. Guénebault fait de Bonaparte un révolutionnaire et un jacobin.

Dans aucune occasion Napoléon ne se montra
tel, même alors que dans sa jeunesse « le sang
« méridional coulait dans ses veines avec la rapi-
» dité du Rhône. » Ainsi que l'a écrit Marmont,
« il était éloigné par caractère de tous les excès. »
Les grandes infortunes, les vrais malheurs ne le
trouvèrent jamais insensible. Il le prouva souvent,
mais surtout le jour où, *attendri jusqu'aux larmes*
du désespoir de Mme de Polignac, qui s'était jetée
à ses pieds, il la releva en lui disant : « Madame,
» vous me demandez la vie d'un homme qui a
» voulu attenter à la mienne; mais je n'ai rien à
» refuser à l'expression déchirante et humiliée de
» votre malheur. » (1)

Oui, ainsi que l'a dit Rapetti, un de ses plus impar-
tiaux biographes, Napoléon « adopta et fit siens
» les principes de la Révolution », mais il en réprouva
les violences et ce qu'il en appelait les *horreurs.*
A toutes les époques de sa vie, simple général,
premier magistrat de la République, empereur
déchu et prisonnier, il désapprouva et flétrit tout

(1) *Revue de la Révolution,* publiée sous la direction de
M. Ch. d'Héricault, 3e année, VIIe volume. (Extrait des
Mémoires inédits du marquis de Bouillé.)

ce qui ne fut pas la Révolution pure, honnête, humaine, civilisatrice. Il se faisait une gloire de « vanter d'être resté étranger aux désordres et aux » excès de ce grand mouvement. » Cela est vrai, dirai-je avec le même biographe, et j'ajoute avec lui : « Il n'a été de la Révolution que la défense » armée et l'esprit de réorganisation. » A Sainte-Hélène il disait : « J'ai *dessouillé* la Révolution, » et cette expression, spécialement énergique, témoignait combien toutes les violences et les cruautés de la période la plus aiguë de la Révolution lui étaient odieuses. A ses yeux, les gens, quels qu'ils fussent, qui avaient poussé à ces sanguinaires excès, étaient *l'opprobre de la nature, des bouchers.*

Personne, plus éloquemment et en même temps plus simplement que lui, n'a plaint les plus augustes victimes de ce que j'appellerai le débordement et la furibonderie de la Révolution faite République, faite *Terreur,* et sortie violemment de son lit civilisateur et humanitaire. Le sort de la reine Marie-Antoinette l'affectait à un point extraordinaire. Dans une conversation qu'il eut un jour avec un de ses plus éminents collaborateurs, M. le comte Mollien, ministre du Trésor public, il fut amené à parler de cette princesse infortunée, et il s'exprima ainsi qu'il suit au sujet de son martyre :

« Si ce n'est pas un sujet de remords, ce doit être » au moins un bien grand sujet de regrets pour tous » les cœurs français, que le *crime* commis dans la » personne de cette malheureuse reine. Il y a une » grande différence entre cette mort et celle de » Louis XVI, *quoique certes il ne méritât pas son* » *malheur.* Telle est la condition des rois ; leur vie

» appartient à tout le monde ; il n'y a qu'eux qui ne
» peuvent pas en disposer ; un assassinat, une cons-
» piration, un coup de canon, ce sont là leurs chances :
» César et Henri IV ont été assassinés ; l'Alexandre
» des Grecs l'eût été, s'il eût vécu plus longtemps.
» Mais une femme qui n'avait que des honneurs
» sans pouvoir, une princesse étrangère, le plus
» sacré des otages, la traîner du trône à l'échafaud,
» à travers tous les genres d'outrages ! Il y a là
» quelque chose de pire que le régicide. » (1)

Il ne jugeait pas avec moins d'élévation d'esprit
et d'émotion de cœur le sort de Louis XVI. Voici
comment il s'exprime à ce sujet dans une de ses
dictées de Saint-Hélène :

« La Révolution française marcha dans ses débuts
» sous les auspices de Louis XVI. Les grandes
» fautes des Trois-Ordres, celles de la Cour, les
» mauvais conseils des étrangers, les conseils per-
» fides de l'Angleterre, qui savait mieux que personne
» ce que la France gagnerait à une véritable liberté,
» gâtèrent ces beaux commencements. Les journées
» des 5 et 6 octobre (1789) ne furent pas entièrement
» de fabrique française. Le Roi fut assiégé dans son
» palais, outragé par la canaille de Paris, avec
» laquelle il fut obligé de capituler pour sauver ses
» jours et ceux de la famille royale. Ramené à

(1) *Mémoires d'un ministre du Trésor public*, tome III,
page 123.

Le docteur O'Méara raconte dans son *Journal* que
Napoléon lui dit un jour : « La reine Marie-Antoinette monta
» à l'échafaud avec une espèce de joie céleste. Ce devait
» être pour elle un grand soulagement de quitter une vie
» qu'on empoisonnait d'amertume avec une exécrable bar-
» barie. »

» Paris, au milieu d'un tumulte de cannibales, il
» fut dès ce moment le prisonnier de la Révolution ;
» on lui fit subir l'agonie de Jésus-Christ, en même
» temps qu'on le salua roi des Français. Il accepta
» la Constitution, qu'il aurait dû donner. Sa fuite à
» Varenne fut une véritable faute, quand même elle
» aurait réussi. Le parti la qualifia de trahison ; et,
» dès ce jour, la mort de cet infortuné monarque fut
» résolue par une minorité qui projetait dans l'ombre
» la chute du trône. Le rassemblement de Coblentz,
» le congrès de Pilnitz, la guerre si ridicule de la
» Prusse, la retraite plus ridicule encore de l'armée
» prussienne devant nos légions non organisées,
» excitèrent au plus haut degré la rage révolution-
» naire, et la France passa subitement du règne de
» l'Assemblée législative à celui de la Convention,
» de la Révolution à la Terreur. La France eut,
» comme l'Angleterre, *son grand crime* (1). »

Ces deux révolutions et ces deux républiques
qui eurent chacune leur *crime,* ont été, de la part
du captif de Sainte-Hélène, le sujet de ce rappro-
chement significatif : « Les deux monarchies
» deviennent deux républiques, et, pendant cette
» période, les deux nations se plongent dans tous
» les excès qui peuvent dégrader l'esprit et le cœur.
» Elles se déshonorent par des scènes de fureur, de
» sang et de folie. Elles brisent tous les liens et
» renversent tous les principes. » (2)

Alors qu'il n'était encore ni premier Consul, ni

(1) *Commentaires de Napoléon Ier*, tome III. Dictées de
Sainte-Hélène (Situation politique de l'Europe en 1798).

(2) *Mémorial de Sainte-Hélène,* 5 mai 1816. Rapproche-
ment des deux grandes révolutions de France et d'Angleterre.

Consul à vie, ni Empereur, sous le Directoire, après son retour d'Italie, où il avait négocié et conclu le traité de Campo-Formio, par lequel « la » France était rentrée dans l'héritage des Gaulois, » il eut l'occasion, qu'il n'avait certes pas cherchée, de manifester de la façon la plus naturelle et la plus nette son opinion et son sentiment sur les excès révolutionnaires, notamment surtout en ce qui est du supplice de Louis XVI.

La République directoriale avait hérité de la République conventionnelle, sans l'avoir repoussé, d'un legs sanguinaire : c'était celui d'une fête dite nationale, solennellement décrétée, par laquelle on célébrait l'anniversaire de la mort ou plutôt de l'assassinat du malheureux Louis XVI. Le 21 janvier (2 pluviôse), toutes les autorités de la République, tout le gouvernement, les Conseils des Anciens et des Cinq-Cents, le Directoire en tête, se réunissaient dans l'église Saint-Sulpice, transformée en temple décadaire, à l'effet d'entendre des discours et des chants appropriés à la circonstance. Le général Bonaparte ne cacha pas qu'il lui répugnait d'assister à une pareille cérémonie et qu'il s'en abstiendrait. Cela ne faisait pas l'affaire du Directoire. Composé de cinq membres qui tous avaient voté la mort du *tyran*, il attachait de l'importance à ce que le vainqueur de l'Autriche, l'homme le plus en vue du moment, rehaussât par sa présence et par son adhésion la célébration de l'affreux anniversaire. Pour le décider et l'entraîner, les citoyens Directeurs lui dépêchèrent un de leurs ministres, homme aussi retors que peu scrupuleux, le citoyen Talleyrand, ex-évêque d'Autun. Voici, déduites par

Bonaparte lui-même, les raisons qu'il opposa aux instances et aux arguments opportunistes de l'émissaire du Directoire :

« Napoléon, qui eût voulu rester étranger à tout
» acte de ce genre, observa : qu'il n'avait pas de
» fonctions publiques ; qu'il n'avait personnellement
» rien à faire à cette prétendue fête qui, par sa
» nature, plaisait à fort peu de monde ; qu'elle était
» des plus impolitiques ; que l'événement qu'elle
» rappelait était *une catastrophe et un malheur*
» *national ;* qu'il comprenait très bien qu'on célébrât
» le 11 juillet, parce que c'était une époque où le
» Peuple avait conquis ses droits ; mais qu'il aurait
» pu les conquérir, établir une République, sans
» se souiller du supplice d'un prince déclaré inviolable et non responsable par la Constitution elle-
» même ; qu'il ne prétendait pas discuter si cela
» avait été utile ou nuisible, mais qu'il soutenait
» que c'était un incident malheureux ; qu'on célébrait
» des fêtes nationales pour des victoires, mais qu'on
» pleurait sur les victimes restées sur le champ de
» bataille ; que célébrer la mort d'un homme ne
» prouvait jamais être l'acte d'un gouvernement, mais
» d'une faction, d'un club de sang ; qu'il ne concevait pas comment le Directoire, qui avait fermé
» les Jacobins, les clubs anarchistes... ne sentait pas
» qu'une telle cérémonie faisait à la République
» beaucoup plus d'ennemis que d'amis, aigrissait au
» lieu d'adoucir, ébranlait au lieu d'affermir ; qu'elle
» était indigne enfin du gouvernement d'une grande
» nation. » (1)

(1) *Commentaires de Napoléon Ier,* tome II (Napoléon e le Directoire).

Napoléon a pu dire, sans crainte d'être démenti sérieusement, que « ses premiers pas ont brillé d'une » gloire pure », et c'est avec raison qu'à Sainte-Hélène il s'est rendu ce témoignage qui répond à tout, parce qu'il est aussi sincère qu'inattaquable : « Napoléon fut étranger à tous les *crimes* de la » Révolution. Quand sa carrière politique commença, » le trône était écroulé ; le vertueux Louis XVI » avait péri ; les factions déchiraient la France. » C'est par la conquête de l'Italie, c'est par la paix » de Campo-Formio, qui assurait la grandeur et » l'indépendance de la patrie, que commença sa » carrière, et lorsqu'en 1800 il parvint au pouvoir » suprême, ce fut en détrônant l'anarchie. Son » trône fut élevé par le vœu unanime du peuple. »

Conclusion : En accusant Napoléon Ier d'avoir été un *révolutionnaire* et un *jacobin*, M. Guénebault l'a calomnié et injurié de parti pris, sans aucun motif plausible, contre toute vérité.

Poursuivant son œuvre systématique de dénigrement, obsédé, au point d'en perdre la raison, par une idée fixe qui n'est qu'une hallucination, l'écrivain ultra-royaliste et ultra-clérical prétend que Bonaparte prit l'île de Malte et détruisit l'Ordre de ce nom « pour se conformer au programme de la » *secte* (la Franc-maçonnerie), et que ce fut grâce » aux trahisons maçonniques que cette île, boule-» vard de la Méditerranée, et considérée comme » imprenable, devint la proie de l'Angleterre qui la » possède encore. »

L'occupation de l'île de Malte, par l'armée qui mit à la voile de la rade de Toulon le 19 mai 1798 à destination de l'Egypte, était une nécessité à la fois politique et stratégique à laquelle le chef de l'expédition ne pouvait se soustraire. Située dans le canal, relativement étroit, qui sépare à la fois la Sicile de l'Afrique Tunisienne et Tripolitaine, et le bassin inférieur de la Méditerranée du bassin supérieur, cette île constitue une position pour ainsi dire intermédiaire. Il eût été dangereux au dernier point de la laisser soit en des mains peu sûres, soit tomber en des mains notoirement ennemies, celles de l'Angleterre principalement.

Cette dernière éventualité était à redouter; le succès de notre expédition en Egypte, comme aussi de tous nos projets en Orient, exigeait que la France la prévînt et l'empêchât de se réaliser. Il était à peu près certain que les chevaliers, souverains de l'île de Malte, n'opposeraient pas d'obstacles, le cas échéant, à la livrer aux puissances européennes en guerre avec la République française qui croiraient utile d'y prendre pied.

Par rapport à la France républicaine, la position des souverains de l'île de Malte était des plus fausses; les liens anciens étaient rompus. C'est ce qu'explique fort bien Napoléon, dans le passage suivant du récit qu'il a fait de la prise de Malte, et par lequel s'ouvre sa dictée sur les campagnes d'Egypte et de Syrie (1).

« Sur sept *langues* qui composaient l'Ordre de

_____

(1) *Commentaires de Napoléon Ier*, tome II (Campagnes d'Egypte et de Syrie). — Ce grand travail sur l'Egypte, ses mœurs, etc., sur les incidents de la campagne française, est un des écrits où l'Empereur s'est montré, comme le dit le républicain Armand Carrel, « aussi grand écrivain et aussi » grand homme d'Etat, qu'il a été grand capitaine ».

» Saint-Jean de Jérusalem, trois étaient françaises.
» La République ne pouvant reconnaître chez elle
» un Ordre fondé sur les distinctions de naissance,
» l'avait supprimé; elle avait assimilé ses biens à
» ceux des autres Ordres religieux, et admis à pension
» les chevaliers. Le grand-maître Rohan, en repré-
» saille, avait refusé de recevoir un chargé d'affaires
» de France. Les bâtiments marchands français n'é-
» taient reçus dans le port qu'en masquant le pavil-
» lon tricolore. Aucune relation diplomatique n'exis-
» tait entre la République et l'Ordre. Les Anglais y
» étaient reçus et favorisés; les secours leur étaient
» prodigués; les autorités constituées veillaient
» au recrutement et à l'approvisionnement de leurs
» escadres. Vingt millions de poudre avaient été
» fournis des magasins du grand-maître au vice-roi
» de Corse Elliot. Mais ce qui décida du sort de cet
» Ordre, c'est qu'il s'était mis sous la protection de
» l'Empereur Paul, ennemi de la France. Un *prieuré*
» grec avait été fondé, ce qui blessait la religion et
» les puissances du rit romain. La Russie visait à
» la domination de cette île, si importante par sa
» situation, la bonté et la sûreté de son port, la
» force de ses remparts. En cherchant une pro-
» tection dans le Nord, l'Ordre avait méconnu et
» compromis les intérêts des puissances du Midi.
» Napoléon était résolu de s'emparer de l'île, si
» toutefois il pouvait le faire sans compromettre
» son objet principal. »

Il entrait donc dans les plans et dans les intentions du commandant en chef de l'armée d'Orient,
et c'était forcé, de s'assurer la possession de Malte.
Mais comment y procéderait-il? Tout dépendait de

l'attitude de l'Ordre. Si celui-ci eût été conscient de la faiblesse et de l'insuffisance des forces dont il pouvait disposer, et par suite de l'impossibilité où il était de résister au jeune général qui venait de vaincre la puissance autrichienne en Piémont, en Lombardie, dans les États-Vénitiens, partout où elle s'était mesurée avec lui et son armée, il eût jugé sage de se placer tout à la fois sous sa dépendance et sous sa protection. Grand, généreux comme il s'était toujours montré en Italie, Bonaparte eût tenu compte à l'Ordre de sa condescendance. Beaucoup de chevaliers, surtout ceux des *langues* françaises (Provence, Auvergne, France), désiraient qu'il en fût ainsi, et voulaient qu'on « négociât et qu'on » stipulât des conditions honorables pour l'Ordre et » pour les individus. »

Le parti de la présomption et de la résistance l'emporta ; l'*ultima ratio,* c'est-à-dire le canon, décida et résolut la question.

Le général Bonaparte était pressé d'atteindre l'Égypte, son principal objectif, d'y atterrir et d'y débarquer son armée. Il savait qu'une flotte anglaise considérable, placée sous les ordres d'un homme de mer très entreprenant, Nelson, venait de pénétrer dans la Méditerranée et s'était mise à la recherche de la flotte française. Il lui importait de ne pas s'attarder et d'en finir très promptement avec Malte. Par ce motif, il n'eût pas demandé mieux que de s'accommoder à l'amiable avec l'Ordre, s'il consentait à lui permettre l'accès de la place et du port de la Cité Valette. Dès son arrivée devant Malte, c'est-à-dire le 9 juin 1798, il fit demander au grand-maître Hompesch l'autorisation de faire

entrer la flotte dans les immenses ports qui entou-
rent la Cité Valette, afin qu'ils pussent y faire de
l'eau. Il lui fut répondu que semblable autorisation
ne saurait être accordée qu'à quatre navires à la fois.
Comme la flotte n'en comptait pas moins de quatre
à cinq cents, pareille réponse constituait une ironie
de mauvais goût et une véritable provocation.
Bonaparte prit mal la chose, et se mit en mesure,
avec sa célérité accoutumée, d'arriver à ses fins.
Il fit si vite et si bien que l'Ordre, revenu de ses
illusions, signa le 12 juin, à bord du vaisseau
amiral l'*Orient,* une capitulation dont le premier
article était ainsi conçu :

« Les chevaliers de l'Ordre de Saint-Jean de
» Jérusalem remettent à l'armée française la ville
» et les ports de la Valette. Ils renoncent en faveur
» de la République française aux droits de souve-
» raineté et de propriété qu'ils ont tant sur cette
» ville que sur les îles de Malte, de Gozzo et de
» Cumino. »

C'est ainsi que le commandant en chef de l'armée
d'Orient fut amené, par les procédés imprudents et
inhospitaliers du Conseil de l'Ordre des chevaliers
de Saint-Jean de Jérusalem, à s'emparer *manu
militari* de l'île de Malte et à les déposséder de la
souveraineté qu'ils y exerçaient. On doit croire que
le résultat eût été moins rigoureux, si l'Ordre eût
tenu une autre conduite.

Mais il convient de remarquer qu'en dépossédant
les chevaliers de la souveraineté de l'île de Malte,
Bonaparte ne détruisit point l'Ordre, ainsi que l'a
écrit M. Guénebault. Qu'on lise la capitulation, et
l'on n'y trouvera rien qui le dise et qui le porte.

6 .

Le titre de grand-maître y est non seulement conservé au titulaire Hompesch, mais sa position et les immunités qui y sont attachées sont garanties par l'article 2 qui est ainsi libellé :

« La République emploiera son influence au
» congrès de Rastadt pour faire avoir au grand-
» maître, sa vie durant, une principauté équivalente
» à celle qu'il perd ; et, en attendant, elle s'engage
» à lui faire une pension de 300,000 francs. Il lui
» sera donné, en outre, la valeur de deux années
» de ladite pension à titre d'indemnité pour son
» mobilier. »

Des dispositions également généreuses furent stipulées au profit des chevaliers, à quelque *langue* qu'ils appartinssent.

Quant aux habitants de l'île de Malte et de ses dépendances, il fut stipulé qu'ils continueraient à jouir, comme par le passé, du libre exercice de la religion catholique, apostolique et romaine.

Cet engagement, dû à l'initiative du général Bonaparte, fut corroboré par une lettre qu'il écrivit à l'évêque de Malte, Mgr Gabini, et dans laquelle il lui disait : « Vous pouvez assurer vos diocésains
» que la religion catholique, apostolique et romaine
» sera non seulement respectée, mais que ses
» ministres seront spécialement protégés. »

J'ai beau écarquiller les yeux, je ne réussis pas à voir dans la prise de Malte les *trahisons maçon-
niques* évoquées par M. Guénebault. J'y vois un fait de guerre, une conquête, si l'on veut, rentrant dans l'exécution d'un plan d'ensemble, sans mélange d'aucune autre considération étrangère. Je lui apprendrai même, ce qui l'étonnera peut-être, que

la Franc-maçonnerie française a compté dans son sein, à l'époque initiale et décisive de la Révolution et pendant les mauvais jours de cette grande tourmente, un homme qui se fit le défenseur de l'Ordre de Malte et qui plaida *maçonniquement* pour sa conservation. Il s'appelait Fauchet; c'était un prêtre catholique; il avait été grand-vicaire de l'archevêque de Bourges, ce qui ne l'avait pas empêché d'entrer, à l'exemple de beaucoup d'autres prêtres, dans la Franc-maçonnerie; il a sa célébrité, et à beaucoup d'égards elle est honorable; il périt sur l'échafaud avec les Girondins dans l'hécatombe du 30 octobre 1793.

Alors que la Franc-maçonnerie, en désarroi du fait de la Révolution et de l'émigration, qui l'avait privée d'un très grand nombre d'adeptes, n'avait plus que trois loges ouvertes à Paris, ce Fauchet avait fondé un club spécialement maçonnique au Palais-Royal dont il se fit *l'orateur*, et auquel il avait donné pour organe de publicité un journal dont il était le rédacteur principal. Le club portait le nom de *Cercle social*; le journal, celui de *la Bouche de fer*. Or, dans ce club comme dans son journal, le franc-maçon Fauchet, l'abbé Fauchet, prit la défense de l'Ordre de Malte, sans être contredit par ses auditeurs et ses lecteurs.

D'ailleurs, à l'époque où le général Bonaparte prit l'île de Malte, l'Ordre était, comme à peu près toutes les institutions de l'ancien régime, sans but et sans vitalité. Lorsqu'après la prise de Rhodes en 1522, l'empereur Charles-Quint fit don aux chevaliers, de l'île de Malte en toute souveraineté, il eut pour but de confier à leurs soins et à leur courage la

police de la Méditerranée, et de les constituer protecteurs des côtes d'Espagne et d'Italie contre les
pirateries des Barbaresques. Voici ce que dit à ce
sujet Napoléon :

« Cela lui eût été facile. Il (l'Ordre) pouvait avoir
» six ou sept vaisseaux de guerre de soixante-qua-
» torze, autant de frégates, et le double de petits
» bâtiments, en service constamment, le tiers à la
» mer en croisière devant Alger, Tunis et Tripoli;
» il aurait fait cesser les pirateries des Barbaresques,
» qui auraient été contraints de vivre en paix.

» *L'Ordre aurait alors bien mérité de toute la
» Chrétienté.* La moitié de ses revenus (18 à 20
» millions de rente dans divers Etats et 7 en France)
» eût été suffisante pour remplir ce grand et bien-
» faisant résultat. Mais les chevaliers, à l'exemple
» des autres moines, s'étaient appropriés les biens
» qui leur avaient été donnés pour l'utilité publique
» et le service de la Chrétienté. Le luxe des prieurs,
» des baillis, des commandeurs scandalisait toute
» l'Europe. « Les moines, disait-on, administrent
» les sacrements; ils sont utiles au spirituel; mais
» ces chevaliers ne sont bons à rien, ne font rien,
» ne rendent aucun service. » Ils étaient obligés de
» faire leurs *caravanes* (1). A cet effet, quatre ou
» cinq galères se promenaient tous les ans dans la
» Méditerranée, et allaient recevoir des fêtes dans

(1) On appelait ainsi les premières courses que les jeunes
chevaliers de Malte devaient exécuter chaque année. Faites
primitivement contre les Musulmans, dans le but d'enlever
es caravanes allant par mer d'Alexandrie à Constantinople,
elles n'étaient plus que des parties de plaisir, sans caractère
agressif.

» les ports d'Italie, d'Espagne et de France, *évitant*
» *soigneusement les Barbaresques.* Ils avaient rai-
» son; ils montaient des bâtiments qui n'étaient
» pas propres à lutter contre les frégates algériennes.
» Les Barbaresques insultaient impunément la
» Sicile, la Sardaigne et les côtes d'Italie; ils rava-
» geaient les plages vis-à-vis de Rome. *L'Ordre*
» *s'était rendu inutile.*» (1)

Il est vrai, sans qu'il soit besoin de faire intervenir dans ce fait des « trahisons maçonniques », que
l'île de Malte « devint la proie de l'Angleterre, qui
» la possède encore. » Ce malheur, car c'en fut un,
ne saurait être imputé au commandant de l'armée
d'Orient; car celui-ci, toujours prévoyant, avait pris
et prescrit toutes les mesures nécessaires pour
assurer la défense et la conservation de sa conquête.
C'est ce qu'il a expliqué dans son récit précité de la
prise de Malte:

« Le général Vaubois prit le commandement de
» l'île avec 4,000 hommes de garnison; il en
» fallait 8,000. Le général Berthier (chef de l'état-
» major de l'armée) donna des ordres pour que
» 6,000 hommes des dépôts de l'armée qui étaient à
» Toulon s'y rendissent, que 1,000 hommes y fussent
» envoyés de la Corse, 1,500 de Civita-Vecchia,
» 1,500 de Gênes. Pour compléter les vivres, il
» manquait des viandes salées et des médicaments;
» il le fit connaître à l'administration de la marine
» à Toulon. Napoléon fit sentir au Directoire la
» nécessité de faire passer à la Valette ces renforts

(1) *Commentaires de Napoléon Ier*, tome II, Prise de
Malte.

» et les approvisionnements qui manquaient, afin
» d'assurer le service de cette place importante :
» 8,000 hommes pourraient se maintenir maîtres de
» l'île. *La mer fut libre pendant juin, juillet, août,*
» *septembre; mais, suivant sa coutume, le Directoire*
» *ne pourvut à rien.* Vaubois fut abandonné à ses
» propres forces. »

Comme si ce n'était pas assez de cette criminelle
négligence, u désastre maritime, résultat lui aussi
d'une négligen vint compromettre la sécurité de
notre occupatio ҉ Malte, en livrant la mer aux
Anglais, et en ii rompant toutes relations entre
cette île et le port de Toulon. Il s'agit de la déplorable bataille navale d'Aboukir, qui suivit de près le
débarquement de l'armée française sur la terre
d'Egypte, et qui se livra au moment où cette armée
venait de prendre le chemin du Caire. Là encore,
les sages prescriptions de Bonaparte ne furent pas
exécutées. Redoutant à juste titre que la flotte
anglaise, qui furetait à la recherche de la nôtre,
dans toute la Méditerranée, ne vînt subitement
l'assaillir au mouillage, il avait ordonné express-
sément à l'amiral Brueys de mettre ses vaisseaux
à l'abri dans le vieux port d'Alexandrie, et fait
constater que c'était, malgré certaines difficultés,
une opération possible. L'imprudent et malheureux
Brueys n'en fit rien ; il périt, avec la précieuse
force navale qu'il commandait, au mouillage
d'Aboukir, où il s'était embossé dans des conditions tout à fait mauvaises (1).

(1) Lorsque Bonaparte apprit la catastrophe d'Aboukir, il
dit : « En arrivant devant Alexandrie, je demandais à la
» Fortune qu'elle préservât mon escadre pendant cinq jours ;

Devenus, du fait de leur victoire d'Aboukir, maîtres absolus de la mer, les Anglais isolèrent l'île de Malte et la bloquèrent étroitement. Les efforts que l'on fit trop tard pour y amener des hommes et des ravitaillements furent vains. Rentré en France au mois d'octobre 1799, élevé au Consulat par les événements de Brumaire et par son propre génie, Bonaparte se préoccupa de secourir Vaubois. A cet effet, une division mit à la voile de Toulon à destination de Malte en février 1800 ; elle portait 3,000 hommes de troupes avec une grande quantité de vivres et de munitions ; un habile et brave marin, le contre-amiral Perrée, la commandait. Elle fut rencontrée par Nelson alors qu'elle touchait à Malte, battue et dispersée sans pouvoir remplir sa mission.

C'en était fait d'une conquête précieuse ; elle devait nous être ravie. Néanmoins, le brave Vaubois ne se laissa pas décourager ; ce ne fut que lorsqu'il se vit à bout de toutes ressources, manquant de vivres et de munitions, avec un reste de garnison accablé de privations et de maladies, qu'il consentit, sur l'avis unanime d'un conseil de guerre, à signer, le 5 septembre 1800, une capitulation glorieuse. Ainsi que l'a dit un écrivain militaire, Mathieu Dumas, cette capitulation fut pour la France « le » fruit le plus amer de la défaite de sa flotte à » Aboukir ».

La perte de Malte, à laquelle vint s'ajouter, du

» elle m'en accorda trente, et l'amiral n'a pas voulu mettre
» ses vaisseaux en sûreté dans le port. Il ne lui fallait
» cependant que six heures pour cela. Une implacable
» fatalité poursuit notre marine. Ce grand événement aura
» des conséquences qui se feront sentir ici et loin d'ici. »

fait de l'inhabileté du triste successeur de Kléber dans le commandement de l'armée, la perte de l'Egypte, anéantit les grands desseins conçus par Napoléon pour faire de la Méditerranée un *lac français*. Ne pouvant récupérer l'Egypte, il sut obtenir néanmoins que les Anglais l'évacuassent et qu'elle serait restituée à la Turquie. Quant à l'île de Malte, il parvint, moyennant certains sacrifices, à l'enlever aussi à l'Angleterre, et à y réintégrer l'Ordre des chevaliers de Saint-Jean de Jérusalem, que M. Guénebault l'accuse d'avoir détruit « pour » se conformer aux ordres de la Secte ».

Le traité définitif de paix conclu et signé le 6 germinal an X (27 mars 1802), à Amiens, entre la République française, Sa Majesté le roi d'Espagne et la République batave d'une part, et Sa Majesté le roi du Royaume-Uni de la Grande-Bretagne et de l'Irlande, d'autre part, contient à cet égard les stipulations que voici :

« Article 10. — Les îles de Malte, de Gozzo et » Comino seront rendues à l'Ordre de Saint-Jean » de Jérusalem, pour être par eux tenues aux mêmes » conditions auxquelles ils les possédaient avant la » guerre et sous les stipulations suivantes :

» 1° Les chevaliers de l'Ordre dont les *langues* » continueront à subsister après l'échange des » ratifications du présent traité, sont invités à re-» tourner à Malte aussitôt que l'échange aura eu » lieu ; ils y formeront un chapitre spécial et pro-» cèderont à l'élection d'un grand-maître...

» 2° Les gouvernements de la République française » et de la Grande-Bretagne, désirant mettre l'Ordre » et l'île de Malte dans un état d'indépendance entière

» à leur égard, conviennent qu'il n'y aura désormais
» ni langue française ni anglaise...

» 3° Il sera établi une langue maltaise...

» 4° Les forces de Sa Majesté Britannique éva-
» cueront l'île et ses dépendances dans les *trois mois*
» qui suivront l'échange des ratifications, ou plus tôt,
» si faire se peut; et, à cette époque, l'île sera
» remise à l'Ordre dans l'état où elle se trouve...

» 5° La moitié de la garnison sera toujours com-
» posée de Maltais...

» 6° L'indépendance des îles de Malte, de Gozzo
» et de Comino, ainsi que le présent arrangement,
» sont mis sous la protection et la garantie de la
» France, de la Grande-Bretagne, de l'Autriche, de
» l'Espagne, de la Russie et de la Prusse.

» Les ports de Malte seront ouverts au commerce
» et à la navigation de toutes les puissances... »

L'Ordre des chevaliers de Saint-Jean de Jérusalem
se trouvait donc, grâce à l'habile et ferme diplomatie
du premier Consul, reconstitué et rétabli dans
des conditions de complète indépendance. Mais
l'Angleterre, par un manque de foi insigne, digne
d'une éternelle flétrissure, se refusa à l'exécution de
ses engagements; elle ne voulut pas évacuer et elle
n'évacua pas l'île de Malte et ne la remit pas aux
chevaliers. La paix d'Amiens, si précieuse, si
désirée, fut rompue, et la guerre, une guerre implaca-
cable, fut de nouveau déchaînée sur le monde.

Il appartenait aux puissances, réunies à Paris et
à Vienne, après la chute de Napoléon, de réparer la
grande injustice commise par l'Angleterre, et de
rétablir l'Ordre dans la possession et dans la souve-

raineté de l'île de Malte et de ses dépendances, ainsi
que Napoléon l'avait fait décider à Amiens.

Tout leur commandait de le faire. Coalisées dans
un même sentiment de justice et de réparation, elles
eussent triomphé des résistances égoïstes de la
diplomatie anglaise. Il n'en fut rien. Le traité de
paix conclu à Paris le 30 mai 1814, entre Sa Majesté Très-Chrétienne Louis XVIII, roi de France et
de Navarre, et les puissances alliées, contient un
article ainsi libellé : « Article 7. L'île de Malte et
» ses dépendances appartiennent, en toute propriété,
» à Sa Majesté Britannique. »

Voilà comment, sans que la responsabilité en
puisse être imputée à Napoléon et à la Franc-
maçonnerie, ainsi que l'affirme M. Guénebault,
« cette île de Malte, boulevard de la Méditerranée,
» et considérée comme imprenable », est *encore*
possédée par les Anglais, et leur assure dans la
Méditerranée une si redoutable prépotence que
l'occupation de Chypre et de l'Egypte vient d'ac-
croître considérablement. Si Malte, au lieu d'appar-
tenir à l'Ordre de Saint-Jean de Jérusalem, est
possession anglaise, la faute en est à la Sainte-
Alliance. C'est là de l'histoire stricte et indéniable;
ce qu'a écrit M. Guénebault n'en est pas.

L'écrivain *bonapartophobe* critique amèrement la
politique suivie en Egypte par Bonaparte à l'égard
des Musulmans. Il y voit une nouvelle preuve de
l'influence, sur l'esprit et la conduite du glorieux
général, de la *Secte infernale*. Il lui reproche de
s'être fait auprès desdits Musulmans l'apologiste
de leur religion et de s'être exprimé sur le compte
de leur prophète Mahomet et de leur Code religieux,

en termes respectueux. « Bonaparte, dit-il, qui,
» dans sa première proclamation en Egypte, se
» *faisait gloire d'avoir détruit le Pape*, déclarait
» qu'il était l'*ami des vrais Musulmans*, et qu'il
» respectait plus que les Mamelucks, Dieu, son
» prophète et l'Alcoran. « Ne craignez rien surtout,
» ajoutait-il, pour la religion du prophète que
» *j'aime!!!* »

Ce n'est pas là précisément ce que disait Bonaparte
aux Egyptiens qui appartenaient à la religion
musulmane. Voici ce qu'on lit dans la proclamation
datée du quartier général d'Alexandrie le 14 messi-
dor an VI (2 juillet 1798), 18 du mois de Muharram,
l'an de l'hégire 1213 : (1)

« Peuples de l'Egypte, on dira que je viens détruire
» votre religion. Ne le croyez pas ! Répondez que
» je viens vous restituer vos droits, punir les usur-
» pateurs, et que je respecte, plus que les Mame-
» lucks, Dieu, son prophète et l'Alcoran (2).

» Dites-leur que tous les hommes sont égaux
» devant Dieu ; la sagesse, les talents et les vertus
» mettent seuls de la différence entre eux...

(1) Cette proclamation fameuse se trouve au tome IV,
page 265, de la *Correspondance de Napoléon I*er.

(2) Napoléon admirait Mahomet. Voici le jugement qu'il
en a porté dans les curieuses observations qu'il fit à Sainte-
Hélène après une lecture de la tragédie de Voltaire :

« Mahomet fut un grand homme, intrépide soldat ; avec
» une poignée de monde, il triompha au combat de Bender ;
» grand capitaine, éloquent, grand homme d'Etat, il régé-
» néra sa patrie et créa au milieu des déserts de l'Arabie
» un nouveau peuple et une nouvelle puissance. — Mahomet
» a détruit les faux dieux, renversé les temples des idoles
» dans la moitié de l'univers, propagé plus que qui que ce
» soit la connaissance d'un seul Dieu... »

» Cadis, cheiks, imans, tchorbadjis, dites au
» peuple que nous sommes amis des vrais Musul-
» mans...

» N'est-ce pas nous qui avons été dans tous les
» siècles les amis du grand Sultan ?... »

En parlant comme il le fit dans cette circonstance,
en réglant sa conduite et ses actes sur ses paroles,
le commandant de l'armée d'Orient agit en sage, en
grand politique, en véritable philosophe. S'il y avait
dans cette manière de faire un peu de ce qu'il
appelait du *charlatanisme*, c'était, ainsi qu'il le
disait à Sainte-Hélène, *du plus haut*; c'était une
nécessité de sa position et de son vaste desscin. Il
savait que la question religieuse était le plus grand
obstacle à notre établissement en Egypte ; il en
triompha au moyen des déclarations qui signalèrent
ses premiers pas sur la terre des Pharaons, et par
tout ce qu'il fit ensuite dans ce même ordre d'idées
religieuses. Il a exposé comme suit, dans son
récit de la campagne d'Egypte, les motifs et mobiles
auxquels il obéit :

« Les politiques qui avaient observé le génie des
» peuples de l'Egypte regardaient la religion comme
» le principal obstacle à l'établissement de l'autorité
» française. «Pour s'établir en Egypte, disait Volney
» en 1788, il faudra soutenir trois guerres : la
» première contre l'Angleterre, la seconde contre la
» Porte, la troisième, la plus difficile de toutes, contre
» les Musulmans, qui forment la population de ce
» pays. Cette dernière occasionnera tant de pertes,
» que peut-être elle doit être considérée comme
» un obstacle insurmontable. »

« **Maîtres d'Alexandrie et du Caire, vainqueurs à**

» Chobrakhys (Chebreiss) et aux Pyramides, la
» position des Français était incertaine. Ils n'étaient
» que tolérés par les *fidèles,* qui, étourdis par la
» rapidité des événements, avaient fléchi devant la
» force, mais qui déjà déploraient le triomphe des
» idolâtres, dont la présence profanait les eaux
» bénies. Ils gémissaient de l'opprobre qui rejail-
» lissait sur la *première clef* de la sainte Kaaba ;
» les imans récitaient avec affectation les versets
» du Coran les plus opposés aux infidèles.

» Il fallait arrêter la marche de ces idées reli-
» gieuses, où l'armée, malgré ses victoires, était
» compromise. Elle était trop faible, trop dégoûtée,
» pour qu'il fût possible de soutenir une guerre de
» religion. Dans les xi° et xii° siècles, les Croisés
» régnèrent à Antioche, à Jérusalem, à Edesse, à
» Ptolémaïs, mais ils étaient aussi fanatisés que les
» Musulmans. Les annales du monde ne présentent
» pas un effort pareil à celui que fit alors l'Europe.
» Plusieurs millions d'Européens trouvèrent la mort
» aux champs de la Syrie ; et cependant, après
» quelques succès éphémères, la Croix fut abattue,
» les Musulmans triomphèrent. La prédiction de
» Volney allait se réaliser. Il fallait se rembarquer
» ou se concilier les idées religieuses, se soustraire
» aux anathèmes du Prophète, ne pas se laisser
» mettre dans les rangs des ennemis de l'Islamisme ;
» il fallait convaincre, gagner les muftis, les ulémas,
» les chérifs, les imans, pour qu'ils interprétassent
» le Coran en faveur de l'armée. » (1)

(1) *Commentaires de Napoléon I*er, tome II. (Campagnes
d'Egypte et de Syrie, chap. v. — Affaires religieuses.)
Dans le premier volume de ses *Causeries du lundi,*

Bonaparte se conduisit en conséquence; il eut bientôt pour lui et avec lui tous les chefs du musulmanisme; il obtint d'eux tout ce qui ne s'était jamais vu : que leur synode déclarât, par un acte public et solennel, obligatoire pour tous, que les Musulmans, non seulement pouvaient, mais devaient lui obéir et lui payer tribut. L'Egypte fut conquise moralement, religieusement, comme elle venait de l'être militairement; l'homme de génie qui conçut et sut pratiquer cette politique devint pour les Egyptiens le grand Sultan (*El-Kébir*).

D'ailleurs, cette politique n'était pas nouvelle dans les rapports de la France avec les Musulmans. Il y avait longtemps que nos rois avaient renoncé aux idées qui avaient inspiré les croisades. Tout en restant et se proclamant *Très-Chrétiens*, ils n'en étaient pas moins devenus, ainsi que le disait Bonaparte dans sa proclamation, « les amis du grand » Sultan ». On avait même vu en 1513, sous François Ier, une armée française coalisée et combinée

Sainte-Beuve explique et justifie en ces termes l'attitude et la conduite du général Bonaparte à l'égard des Musulmans :

  « Les politiques qui avaient le mieux observé le génie du
» peuple de l'Egypte regardaient la religion comme le
» principal obstacle à l'établissement de l'autorité française.
» C'est cet obstacle que Napoléon s'attacha surtout à
» vaincre et à tourner à son avantage. Comment il s'y prit
» à cet effet, par quelles précautions, par quels artifices de
» langage et quel appareil de conduite, il faut l'entendre
» là-dessus lui-même. Il nous dit tout et n'y met pas de
» fausse retenue. A la hauteur où il se place, et d'après la
» façon dont il parle, il est évident qu'il voit dans cette
» conduite, non pas une imposture, mais une habileté
» légitime. »

avec une armée musulmane. Cette dernière, commandée par Khaïr-Eddin, le fameux Barberousse, assiégea la place de Nice. En agissant comme il le fit, Bonaparte suivit donc une tradition ancienne et toute française; il est vraiment puéril d'attribuer à l'influence des doctrines maçonniques une politique toute de raison et de nécessité.

Cette même proclamation contient deux autres passages passés par lui sous silence dans le résumé qu'il a donné de ce document dans son récit de la campagne d'Egypte.

« N'est-ce pas nous, y est-il dit aux Mahométans,
» qui avons détruit le Pape qui disait qu'il fallait
» faire la guerre aux Musulmans?

» N'est-ce pas nous qui avons détruit les chevaliers
» de Malte, parce que les insensés croyaient que
» Dieu voulait qu'ils fissent la guerre aux Musul-
» mans? »

C'étaient là, dans la bouche de Bonaparte, des arguments de circonstance, *ad hominem*. Il les employait pour persuader aux Musulmans qu'ils n'avaient rien à redouter d'un gouvernement, d'une nation, comme aussi d'une armée qui avaient donné, en faveur des sectateurs de Mahomet, de tels gages de leur tolérance en matière de religion. J'avoue sans peine que c'était forcer la note, et qu'il eût peut-être mieux valu ne pas se servir de pareils arguments, ce qui eût été d'autant plus aisé à Napoléon qu'il n'avait point *détruit* le Pape ni l'Ordre de Malte. C'était le fait de la République(1).

_____

(1) La République ne pouvant reconnaître chez elle un Ordre fondé sur les distinctions de naissance, l'avait supprimé;

Le Pape eût conservé son pouvoir et n'eût pas quitté Rome, si les conseils de Bonaparte, qui d'ailleurs ne commandait plus en Italie, l'eussent emporté sur les passions anticatholiques qui étaient celles du Directoire, de l'un de ses membres surtout, de La Réveillère-Lépaux. Certes, la République française avait à punir la cour papale. Entre autres griefs, elle avait à tirer vengeance du meurtre du jeune Duphot, « général de la plus belle espérance, » qui, se trouvant à Rome comme voyageur, avait » été massacré à la porte du palais de France, en » voulant empêcher le désordre. » Tout en admettant que ce crime abominable fût vengé, Bonaparte ne voulait pas qu'on détruisît le Saint-Siège. Consulté sur ce qu'il y avait à faire, il répondit : « Que quelque » tort qu'eût la cour de Rome, le parti à prendre » vis-à-vis d'elle demeurait toujours une fort grosse » question; qu'il fallait la corriger, et non pas la » détruire. »

Ces sages, ces pacifiques conseils ne furent pas écoutés. Napoléon a raconté cela dans une de ses dictées de Sainte-Hélène.

Pendant les cinq années du séjour meurtrier, au moral comme au physique (1), que la Sainte-Alliance

---

elle avait assimilé ses biens à ceux des autres biens religieux, et admis à pension les chevaliers. (*Commentaires de Napoléon Ier*, Prise de Malte.)

(1) Il s'est trouvé dans ces derniers des écrivains soi-disant républicains qui n'ont pas craint de se faire les défenseurs, que dis-je? les apologistes de l'indigne conduite du gouvernement anglais à l'égard du grand infortuné qui était venu *s'asseoir au foyer britannique*. Hudson Lowe a recruté des avocats d'office dans la presse dite républicaine. Voir notam-

fit subir au grand vaincu, et qui lui a valu le titre de martyr de Sainte-Hélène, Napoléon, se parlant à lui-même et à la postérité, aimait à faire ce que j'appellerai des rêves rétrospectifs. Il se laissait aller à concevoir, à imaginer des conjectures sur ce qui serait advenu de sa fortune et de ses desseins si les affaires eussent pris telle ou telle tournure différente de la réalité. La campagne d'Égypte, dont les souvenirs plaisaient étrangement à son imagination orientale, lui en suscitait de tout à fait grandioses, par exemple le splendide, l'éblouissant tableau qu'il fit de ce que serait devenue la terre des Pharaons, du fait de l'administration française (1).

M. Guénebault s'est senti révolté de ce qui n'était certainement, dans la pensée et dans l'esprit de Napoléon, qu'une hypothèse fantastique. Il y voit « le langage du plus pur charlatanisme de la Secte », une inspiration franc-maçonnique. Je vous demande en quoi Napoléon eût servi les intérêts d'une société, vouée au culte de la tolérance religieuse la plus absolue, en embrassant une religion qui, comme la chrétienne d'ailleurs, traite d'infidèles tous ceux qui ne la reconnaissent ni ne la pratiquent ?

ment dans le *Dictionnaire de Larousse*, dont la partie biographique, en ce qui est des contemporains, est généralement écrite dans un esprit de parti détestable, les articles consacrés au digne docteur O'Méara et à l'odieux Hudson Lowe. C'est tout simplement honteux.

(1) *Commentaires de Napoléon Ier*, tome II, *Campagnes d'Égypte et de Syrie* (Description de l'Égypte, XIV. — Ce que deviendrait l'Égypte sous l'administration française.)

La jonction de la Méditerranée à la mer Rouge, soit par un canal de Suez au Nil, soit par le percement direct et complet de l'isthme, est une idée napoléonienne.

Il ajoute, à ce propos, que le but de la secte était toujours « en exploitant l'insatiable ambition » de Bonaparte, de faire servir toutes les forces de » la France au développement incessant de la Franc- » maçonnerie, en lançant notre pays dans des » guerres insensées... ». Pour l'écrivain royaliste, Napoléon fut un Empereur franc-maçon, instrument tout à la fois de la *secte infernale* et de la Révolution, laquelle, après tout, n'était elle-même que la Franc-maçonnerie appliquée. La preuve de cette connexité des principes de la secte avec les mobiles auxquels obéissait Napoléon, il la trouve dans la situation exceptionnellement brillante de la Franc-maçonnerie sous le premier Empire, alors qu'elle compta près de douze cents loges.

Quant au but de la secte, en se soumettant à Napoléon, c'était tout simplement, selon M. Guénebault, de devenir souveraine en se laissant faire sujette du despotisme, ainsi que le dit, paraît-il, un sieur Bazot dans un livre sur la Franc-maçonnerie. C'est là vraiment une belle autorité. Je vais en invoquer d'autres tout à fait opposées, qui auront plus de poids.

Aux considérations générales que j'ai fait valoir pour démontrer que la Franc-maçonnerie n'a exercé aucune influence décisive et prédominante, tant sur le fait de la Révolution de 1789, que sur la conduite et sur les actes de Napoléon Ier, j'en ajoute d'autres qui reposent sur des faits précis. Il me paraît nécessaire, puisque M. Guénebault, par son étrange assertion, m'en fournit l'occasion, de rétablir, au risque de me répéter sur certains points, la vérité historique par lui si maltraitée.

Je pose en fait, ainsi que je l'ai déjà dit, que la Franc-maçonnerie, telle qu'elle exista en France depuis son introduction par de grands seigneurs anglais dans les premières années du règne de Louis XV (1) jusqu'en 1789, ne fut en aucune façon une association à laquelle on puisse donner le titre et le caractère de *révolutionnaire*, politiquement parlant. Institution aristocratique à son origine, par conséquent dénuée de toute intention perturbatrice, elle l'était encore à la veille de la Révolution.

En 1788 elle avait pour grand-maître un prince du sang. Lorsque le célèbre comte de Clermont, de la maison de Condé, prince de l'Eglise et membre de l'Académie française, qui mourut en 1771, laissa la grande-maîtrise de la Franc-maçonnerie vacante, elle passa à Louis-Philippe d'Orléans, pour lors duc de Chartres, depuis duc d'Orléans. Ce personnage devenu plus tard si tristement célèbre sous le nom de Philippe-Egalité, n'avait alors rien fait dans le sens révolutionnaire. D'ailleurs il s'occupait fort peu des intérêts de la Franc-maçonnerie ; il se démit de ses fonctions d'une façon piteuse après 1789.

Mais il n'en était pas de même du grand seigneur qui lui avait été adjoint comme administrateur général. Celui-ci s'appelait Charles-Sigismond de Montmorency-Luxembourg. Autant le prince d'Orléans était tiède, même indifférent à l'égard de la Franc-maçonnerie, autant le duc de Luxembourg était

(1) Nos seigneurs de la cour ont inventé un ordre appelé des *frimassons* à l'exemple de l'Angleterre... Dans cet ordre se sont enrôlés plusieurs de nos secrétaires d'Etat et plusieurs ducs et seigneurs... (*Journal de l'avocat Barbier*, mars 1737.)

passionné pour sa prospérité et son développement.
De 1771 à 1789 il fit toutes sortes d'efforts pour lui
donner une force d'ensemble et une unité d'action
centrale. On doit lui attribuer en grande partie
l'idée et la création du *Grand-Orient,* qui fut,
comme la Franc-maçonnerie elle-même qu'il cen-
tralisa, une institution toute aristocratique par ses
auteurs, car le descendant des Montmorency eut
pour colaborateurs dans son organisation, un prince
de Rohan-Guémenée, un duc de Lauzun, un duc de
la Trémoille, un marquis de Fitz-James, un
marquis de Clermont-Tonnerre, etc.

J'aurais suffisamment caractérisé la Franc-maçonnerie au moment où la Révolution éclata, lorsque
j'aurai dit qu'à cette époque elle comptait dans ses
loges l'élite de la noblesse, de la magistrature, de
la bourgeoisie, un grand nombre d'ecclésiastiques.
Elle n'avait que des aspirations philosophiques,
philanthropiques et humanitaires. C'était une association sentimentale, une sorte de *philadelphie :* sa
morale reposait sur les principes qui constituent la
morale évangélique dans toute sa simplicité et sa
naïveté.

Comment dès lors, avec de tels principes et de
telles aspirations, avec de pareils adeptes, et un
mode de prédication et de propagande si pacifique,
je dirai même si humainement et si socialement
conservateur, la Franc-maçonnerie eût-elle pu avoir
et exercer une influence directe et matérielle, ainsi
que quelques-uns l'en accusent, sur le grand fait
de la Révolution ? Ce fait se produisit sans elle
comme en dehors d'elle par la force des choses,
parce que l'opinion publique condamnait l'ancien

régime, qui n'était qu'un amas d'abus et ne reposait
que sur des institutions qui méritaient, à la fin du
xviiie siècle, généralement l'épithète d'absurdes. Si,
au lieu d'une transformation qui était possible et
que le pouvoir royal pouvait réaliser de son initiative
propre, au moyen de simples décrets réformateurs,
la France subit une révolution violente et excessive,
la cause et la faute doivent en être attribuées à
l'inintelligente faiblesse de ce même pouvoir royal.

Il est faux, il est puéril de voir l'action et la
main de la Franc-maçonnerie dans le mouvement
politique et social qui fit crouler l'ancien régime
sur lui-même. L'ordre de choses que la commotion
de 1789 abolit était condamné tout à la fois par la
raison et par le sentiment. Pas n'était besoin pour
le faire disparaître des vagues et philanthropiques
doctrines de la Franc-maçonnerie, lesquelles,
d'ailleurs, se confondaient avec les doctrines philosophiques et réformatrices dont le xviiie siècle était
saturé, et qui firent explosion dans les cahiers des
Etats généraux.

C'était si vrai, et les principes ou doctrines
humanitaires de la Franc-maçonnerie étaient tellement frappés de banalité, tellement démodés, et si peu
en rapport avec les aspirations et les exigences de
l'opinion publique, que cette Société naïve et sentimentale tomba dans un profond discrédit aussitôt
que tout tourna à la révolution. Ses loges se fer-
mèrent comme d'elles-mêmes faute d'assistants, ses
travaux cessèrent faute de maîtres et d'ouvriers, au
moment même où la scène s'ouvrait à une révolution. Ce fut un véritable désarroi; avant même
les années terribles, dès 1791, la Franc-maçonnerie

était désorganisée tant par l'indifférence publique que par l'émigration à l'étranger de sa partie aristocratique et ecclésiastique. Reniée par son grand-maître, elle perdit son plus actif, son plus dévoué prosélyte dans la personne du duc de Montmorency-Luxembourg, qui quitta la France et son roi à cette époque. Elle eut ses victimes sous le règne de la Terreur, entre autres le Chapelier, qui avait présidé l'Assemblée nationale et qui périt sur l'échafaud en 1791. Il n'y eut que trois loges qui ne furent pas fermées à Paris pendant les années 1792, 1793 et 1794; un club maçonnique fut établi, ainsi que je l'ai dit; la condamnation et l'exécution de son orateur, l'évêque Fauchet, en amenèrent la fermeture.

On peut donc admettre et affirmer, ainsi que je l'ai établi et que je le répète, que la Franc-maçonnerie n'a exercé, par elle-même, aucune action décisive sur la production du fait révolutionnaire et sur les violences qui l'ont accompagné. Elle en est innocente.

Telle est aussi l'opinion d'un des hommes qui, de notre temps, se sont le plus sérieusement et le plus sincèrement occupés de l'étude des questions sociales. Je veux parler de M. Paul Janet, membre de l'Institut, très dévoué aux idées véritablement conservatrices. Après avoir parlé des prétendues sociétés secrètes qui auraient été selon quelques-uns, le centre d'incubation de 1789 et de 1793, ce qui, selon lui, ne repose que sur « des » suppositions pour la justification desquelles on » n'a jamais apporté aucun fait précis de quelque » importance, » voici en quels termes il juge et disculpe la Franc-maçonnerie :

« La Franc-maçonnerie, en particulier, paraît
» n'avoir été autre chose qu'une institution de bien-
» faisance non orthodoxe, une société de secours
» mutuels. *Son rôle historique est absolument nul ;*
» *on ne la trouve mêlée à aucun événement.* Dans
» l'histoire de France la plus développée, le nom
» de franc-maçon n'est pas prononcé une seule fois.
» Il est donc bien peu probable qu'elle ait exercé
» l'influence qu'on lui attribue. Néanmoins, elle
» était animée d'un sentiment humanitaire vague
» qui, sous le feu des événements, devait prendre
» facilement la forme socialiste, mais d'un socia-
» lisme innocent et presque évangélique, qui mêlait
» d'une manière confuse l'esprit de la philosophie
» du xviii⁰ siècle et l'esprit chrétien... » (1)

C'est cela. M. Guénebault voudrait faire croire
vainement que cette Franc-maçonnerie, dont le
rôle historique est insaisissable, qu'on ne trouve
mêlée à rien d'important, dont aucun document
positif ne révèle l'influence et l'action dans le
domaine politique et social, a suscité et produit la
Révolution, dirigé tous les événements qui en ont
signalé le cours, et inspiré et dirigé tous les acteurs
qui ont pris part à ce grand drame, notamment le
plus illustre, le plus intelligent, le plus étonnant,
le plus éminent et le plus glorieux de tous, Napoléon
Bonaparte !!! Pour être violent, le paradoxe n'est
point ingénieux ; passe encore, s'il était spirituel.

Mais, dit M. Guénebault, le premier Empire fut
l'époque où la secte maçonnique prit le plus d'ex-

(1) *Les origines du Socialisme contemporain* (La Franc-
maçonnerie, liv. 1ᵉʳ, ch. 1ᵉʳ). Paris, 1883.

tension et où la France lui vit plus de loges que sous aucun autre régime. Comment en eût-il été ainsi sans la protection et les encouragements de Napoléon? N'y a-t-il pas, dans ce fait, la preuve d'une sympathie ou d'une tolérance qui équivaut à une preuve de complicité? N'est-on pas autorisé à voir là, de la part de cet homme parvenu au faîte d'une puissance inouïe, une compromission indéniable et significative, laquelle ne s'explique que par un accord caché qu'on pourrait qualifier de soumission à l'égard de la Franc-maçonnerie?

Rien de plus faux, rien de plus fantaisiste; c'est ce que je vais prouver.

La Révolution, je ne saurais trop le faire remarquer, au risque de me répéter, avait discrédité la Franc-maçonnerie. Quand cette révolution éclata en 1789, elle se vit du coup éclipsée et désertée; quand, à partir de 1792, la Révolution devint violente et républicaine, la liberté maçonnique disparut comme toutes les autres. Trois loges seulement, ainsi que je l'ai dit, restèrent ouvertes à Paris. Après la Terreur, après la Convention, en 1795, quelques loges se rouvrirent, mais lentement; ce ne fut qu'en 1798 que le *Grand-Orient* se trouva reconstitué.

Telle était la situation peu brillante de la Franc-maçonnerie lorsque le coup d'Etat du 18 Brumaire, acte de délivrance (1) et de salut, voulu, inspiré par

(1) Le 18 Brumaire fut une *délivrance*. Il avait, ce qui rend les coups d'Etat excusables, le génie, la sagesse, la gloire. Les quatre années qui le suivirent furent une série de triomphes au dehors sur les ennemis, au dedans sur les principes du désordre et de l'anarchie. Ces quatre années

l'opinion publique, porta le général Bonaparte au Consulat et l'investit du pouvoir de diriger presque seul les affaires de la République. Je dirai bientôt comment tout se réforma et se régularisa sous sa puissante et bienfaisante prépotence.

Le regard d'aigle du premier Consul, qui embrassait toutes choses, intérêts moraux et intérêts matériels, son vaste, profond et actif esprit qui voulait ne rien négliger de ce qui pouvait le faire arriver à ses fins, lesquelles étaient d'arrêter la Révolution en la fixant à ses vrais principes, et de substituer partout et en tout l'ordre au désordre, ne pouvait négliger les sociétés ou sectes plus ou moins secrètes qui existaient alors, les unes favorables, les autres défavorables au mouvement de 1789 et de ses conséquences.

Un des biographes de Napoléon, à qui j'ai déjà fait des emprunts, Rapetti, dit à ce propos :

« Il est certain que les Sociétés secrètes ont joué
» un grand rôle dans les temps modernes, rôle trop
» souvent inaperçu des historiens et des politiques
» superficiels; il est certain que Napoléon s'en est
» fortement préoccupé et qu'il a eu avec les sociétés
» secrètes des relations fréquentes et même conti-
» nues, *sinon par lui-même,* du moins par sa
» police et par quelques-uns de ses dignitaires; il
» est certain encore que Napoléon a rencontré
» l'opposition des Sociétés secrètes lors du Con-
» cordat, lors de l'établissement de l'Empire héré-

sont, après les dix années du règne de Henri IV, la meilleure, la plus noble partie de l'histoire de France. (Le duc Victor de Broglie, *Souvenirs.*)

« ditaire, lors de la reconstitution d'une nouvelle
» noblesse, et qu'en 1815 il a dû voir combien leur
» hostilité était devenue irréconciliable.

» Toutefois, il ne faudrait pas s'exagérer l'impor-
» tance de ces ennemis occultes, si persévérants
» qu'ils puissent être, du catholicisme et de l'ordre
» monarchique. Napoléon s'en est parfois servi ; il
» les a encore plus souvent poursuivis et troublés
» dans leurs voies souterraines ; *mais il n'a été*
» *jamais pour eux un auxiliaire.* » (1)

Cette déclaration finale et péremptoire, faite par
un écrivain qui connaissait intimement, pour l'avoir
étudiée aux sources, l'histoire politique et la
morale du premier Empire, répond à ceux qui ont
cherché à faire de Napoléon le complice et même
l'instrument de je ne sais quelles sociétés secrètes.
Avant M. Guénebault, qui a eu la singulière idée de
faire de Napoléon Ier l'homme-lige de la secte maçonnique, un ancien chirurgien de la grande armée,
nommé Prepteur, avait mis cette fable en circulation.
Il est vrai que c'était en 1816, et alors tout était bon
qui calomniait le grand vaincu. Pour payer son
tribut au goût du jour, ce chirurgien eut l'idée de
lancer dans la publicité un livre de sa composition
qu'il intitula, pour lui attirer des lecteurs, *Confes-*
sions de Napoléon. Dans ce livre, œuvre toute
fantaisiste, l'Empereur « raconte lui-même ses
» initiations aux Sociétés secrètes et les relations
» qu'il a toujours eues avec elles ; comment il s'est
» élevé par leurs secours, et comment il est tombé

(1) Voir dans la *Biographie universelle* de Didot, l'article
Napoléon Ier.

» le jour où il a cessé d'être pour elle un instru-
» ment. » C'est, on le voit, la thèse de M. Guénebault
—qui ne serait de cette façon que le plagiaire d'une
publication apocryphe dépourvue de toute valeur
historique.

La Franc-maçonnerie figure évidemment au
nombre des sociétés ou sectes secrètes dont il vient
d'être question. Napoléon eut donc à s'en occuper,
et il s'en occupa, comme il s'occupait de tout et de
toutes choses, de manière à s'en servir et à la faire
servir à ses fins, qui tendaient toutes à consacrer,
sur de larges et équitables bases, les principes et
les conquêtes de la Révolution de 1789. A certains
égards, la Franc-maçonnerie était une école d'idéologie ; comme telle elle ne pouvait manquer,
ainsi qu'elle l'avait fait avant la Révolution, d'attirer
dans ses loges beaucoup de ces esprits inquiets et
rêveurs, malades et utopistes, qui se nourrissent,
en les agitant sans cesse et à tous propos, d'idées
et de conceptions humanitaires. Mais si, par ses
doctrines de fraternité, d'égalité et de cosmopolitisme,
elle dérivait vers un socialisme qui pouvait, dans
certaines circonstances, présenter des dangers, par
contre elle en comptait d'autres qui avaient, aux
yeux d'un grand politique, comme l'était Napoléon,
de précieux avantages. Je veux parler de ce qui,
dans la philosophie maçonnique, se rapporte à la
religion.

· La Franc-maçonnerie n'est point une secte antireligieuse. Son grand *architecte de l'univers* la
classe dans le déisme de la philosophie ancienne et
de la moderne, celle de Voltaire, de Rousseau
surtout. Pour elle, ce déisme constitue la religion

naturelle ayant sa base, son point de départ et ses
autels dans la conscience. Néanmoins elle respecte
toutes les croyances, et si elle combat le fanatisme
et la superstition, elle ne blâme et ne combat aucune
religion. Liberté de conscience, tolérance religieuse,
voilà l'évangile maçonnique.

Or, quelle était l'idée dominante de Napoléon en
matière de religion? Tout en restant fidèle comme
individu à sa *religion natale,* qui était le catholicisme, tout en disant « que tout homme doit mourir
« dans sa religion », ce qu'il fit (1), il avait pour
but, comme Souverain, d'établir dans ses États,
parmi ses peuples, une entière et complète liberté
de conscience, une tolérance religieuse absolue.

Après avoir expliqué un jour au docteur O'Méara
les motifs qui l'avaient porté à protéger et à émanciper les Juifs, il ajouta cette belle, cette grande
déclaration de principes :

« Mon système était de n'avoir point de religion
» prédominante, mais de tolérer tous les cultes ; je
» voulais que chacun crût et pensât à sa manière,
» et que tous les hommes, protestants, catholiques,
» mahométans, déistes, etc., fussent égaux ; de
» sorte que la religion ne pût avoir aucune influence
» sur l'occupation des emplois du gouvernement ;
» qu'elle ne pût contribuer à les faire accueillir ou
» repousser par un solliciteur et que, pour donner
» un emploi à un homme, on ne pût faire aucune
» objection fondée sur sa croyance, pourvu que

(1) Je meurs dans la religion apostolique et romaine,
dans le sein de laquelle je suis né il y a plus de cinquante
ans. (*Testament de Napoléon I*er, écrit le 15 avril 1821, à
Longwood, île de Sainte-Hélène.)

» d'ailleurs, il fût capable. Je rendis tout indépen-
» dant de la Religion, les tribunaux, les mariages;
» les cimetières même ne furent plus à la dispo-
» sition des prêtres, et ils ne pouvaient plus refuser
» le corps d'un culte différent. Mon intention était
» de rendre purement civil tout ce qui appartenait
» à l'Etat et à la Constitution, sans égard pour
» aucune religion. Je ne voulais accorder aux
» prêtres aucune influence et aucun pouvoir sur
» les affaires civiles, mais les obliger à s'en tenir à
» leurs affaires spirituelles sans se mêler d'autres
» choses. » (1)

La Religion, prise dans son terme le plus général,
fut toujours de la part de Napoléon, aussi bien dans
sa jeunesse que dans son âge mûr, et jusqu'à la
fin de ses jours, l'objet d'une grande et sincère
considération. Il voyait en elle une nécessité et un
besoin inhérents à la nature humaine. « L'homme,
» a-t-il dit, lancé dans la vie se demande: D'où
» viens-je? qui suis-je? où vais-je? Ce sont autant
» de questions mystérieuses qui nous précipitent
» vers la Religion. Nous courons au-devant d'elle;
» notre penchant nous y porte... Le sentiment
» religieux est si consolant, que c'est un bienfait du

(1) L'authenticité de cette déclaration en faveur de la
tolérance religieuse et de la liberté de conscience, que le
docteur O'Méara a rapportée dans son *Journal*, se trouve
confirmée par le passage suivant des *Récits de la Captivité*
du général de Montholon :

  « Je voulais tolérer tous les cultes ; je voulais que chacun
» crût et pensât à sa manière, et que tous mes sujets,
» protestants, catholiques, mahométans, déistes même,
» fussent égaux, de sorte que la religion d'un homme ne
» pût avoir aucune influence sur sa fortune publique. »

» Ciel de le posséder... La Religion renferme le
» mystère de l'ordre social. Elle rattache au Ciel
» une idée d'égalité qui empêche que le riche ne
» soit massacré par le pauvre... La Religion est une
» sorte d'inoculation ou de vaccin, qui, satisfaisant
» notre amour du merveilleux, nous garantit des
» sorciers et des charlatans... Elle est l'appui de
» la bonne morale, des vrais principes, des bonnes
» mœurs. Et puis l'inquiétude de l'homme est telle
» qu'il lui faut ce vague et ce merveilleux qu'elle
» lui présente. Il vaut mieux qu'il le trouve là
» que d'aller le chercher chez Cagliostro, chez
» Mademoiselle Lenormand... Sans la Religion on
» marche continuellement dans les ténèbres. Nulle
» société ne peut exister sans morale, il n'y a pas
» de bonne morale sans religion... L'athéisme,
» principe destructeur de toute organisation sociale,
» ôte à l'homme toutes ses consolations et toutes
» ses espérances ; il est destructeur de toute morale,
» sinon dans les individus, du moins dans les
» nations. » (1)

(1) Cette dernière pensée est extraite d'une lettre bien
remarquable que l'Empereur écrivit à M. de Champagny,
son ministre de l'Intérieur, après la bataille d'Austerlitz. Je
ne puis résister au désir de la citer telle qu'elle se lit au
tome XI de la *Correspondance de Napoléon Ier*, publiée par
ordre de Napoléon III :

    « Schœnbrunn, 21 frimaire an XIV (13 octobre 1805).

» C'est avec un sentiment de douleur que j'apprends qu'un
» membre de l'Institut, célèbre par ses connaissances, mais
» tombé aujourd'hui en enfance, n'a pas la sagesse de se
» taire, et cherche à faire parler de lui, tantôt par des
» annonces indignes de son ancienne réputation et du
» Corps auquel il appartient, tantôt en professant hautement
» l'athéisme, principe destructeur de toute organisation

Jamais il n'est sorti de la bouche ou de la plume de Napoléon, soit dans sa vie publique, soit dans sa vie privée, pas plus dans sa prospérité et sur le trône que dans son infortune et dans son exil, une seule parole antireligieuse ou matérialiste, rien qui ressemble à un blasphème ou à une moquerie, ainsi que cela était arrivé si souvent à Frédéric le Grand, « ce contempteur de ce qu'il y a de plus respectable au monde. » Il portait sur les fondateurs des trois religions monothéistes qui ont « répandu la connaissance d'un Dieu immortel, maître et créateur des hommes, » Moïse, Jésus-Christ, Mahomet, des jugements pleins d'une large et respectueuse impartialité.

Voici ce que, dans son célèbre chapitre v, consacré aux *affaires religieuses*, que Sainte-Beuve a proclamé le plus remarquable de toute la dictée sur la campagne d'Egypte et de Syrie, il dit de l'Homme-Dieu des Chrétiens, par opposition à Moïse et à Mahomet :

« Jésus-Christ, quoique descendant de David, ne

» sociale, qui ôte à l'homme toutes ses consolations et toutes
» ses espérances. Mon intention est que vous appeliez auprès
» de vous les présidents et les secrétaires de l'Institut, et
» que vous les chargiez de faire connaître à ce Corps
» illustre, dont je m'honore de faire partie, qu'il ait à
» mander M. de Lalande et à lui enjoindre, au nom du
» Corps, de ne plus rien imprimer et de ne pas obscurcir
» dans ses vieux jours ce qu'il a fait dans ses jours de force
» pour obtenir l'estime des savants ; et, si ces invitations
» fraternelles étaient insuffisantes, je serais obligé de me
» rappeler aussi que mon premier devoir est d'empêcher que
» l'on empoisonne la morale de mon peuple, car l'athéisme
» est destructeur de toute morale, sinon dans les individus,
» du moins dans les nations.

» NAPOLÉON. »

» prétendit pas au trône de ses pères. Il prêta et
» ordonna obéissance à tout gouvernement établi.
» Toute puissance vient de Dieu ; mon empire n'est
» pas de ce monde ; rendez à César ce qui appar-
» tient à César. » Il n'eut qu'un but dans sa mission
» divine : régler les consciences, diriger les âmes
» dans cette vie pour opérer leur salut dans l'autre.
» L'Evangile ne donne aucune règle pour le gou-
» vernement des choses d'ici-bas... »

Entendez comme il parle du Christianisme après
avoir parlé de son révélateur :

« La religion chrétienne est celle d'un peuple
» civilisé. Elle élève l'homme ; elle proclame la su-
» périorité de l'esprit sur la matière, de l'âme sur le
» corps... Comme tout ce qui s'établit par la seule
» influence de la persuasion, comme tout ce qui est
» le résultat du progrès des lumières, la religion de
» Jésus-Christ eut une marche lente ; il lui fallut
» quatre siècles pour s'asseoir sur le trône. L'apo-
» théose de César et d'Auguste avait été suivie de
» celle des plus abjects tyrans. Les nations conçu-
» rent de l'aversion pour une religion où Tibère,
» Caligula, Héliogabale avaient des autels et des
» prêtres ; elles cherchèrent des consolations dans
» le dogme d'un seul Dieu immortel, incréé, créateur
» et maître de tout. »

Pour ce qui est du Catholicisme, c'est-à-dire de
la plus ancienne et la plus populaire spécialisation
du Christianisme, Napoléon en a dit ceci dans une
circonstance solennelle :

« Les philosophes modernes se sont efforcés de
» persuader à la France que la religion catholique
» était l'implacable ennemie de tout système démo-

» cratique et de tout gouvernement républicain ;
» de là cette cruelle persécution que la République
» française exerça contre la Religion et ses ministres;
» de là toutes les horreurs auxquelles fut livré
» cet infortuné peuple. La diversité des opinions
» qui, à l'époque de la Révolution, régnait en
» France au sujet de la Religion, n'a pas été une
» des moindres sources de ces désordres. L'expé-
» rience a détrompé les Français et les a convaincus
» que, de toutes les religions, il n'y en a pas qui
» s'adapte, comme la catholique, aux diverses
» formes de gouvernement, qui favorise davantage,
» en particulier le gouvernement démocratique, en
» établisse mieux les droits et jette plus de jour sur
» ses principes. Moi aussi je suis philosophe, et je
» sais que, dans une société quelle qu'elle soit, nul
» homme ne saurait passer pour vertueux et juste
» s'il ne sait d'où il vient et où il va. La simple
» raison ne saurait nous fixer là-dessus; sans la
» Religion on marche continuellement dans les
» ténèbres ; et la religion catholique est la seule
» qui donne à l'homme, des lumières certaines sur
» son principe et sa fin dernière... » (1)

Mais s'il pensait et parlait ainsi de la Religion,
s'il en reconnaissait la bienfaisante et naturelle
nécessité, Napoléon était hostile à ce que j'appellerai
le *matériel* religieux. Il prenait à la lettre la parole
du Christ : « Mon royaume n'est pas de ce monde »,
et il n'admettait pas, dans les temps modernes, la

---

(1) Extrait de l'allocution adressée le 16 prairial an VIII
(5 juin 1800) aux curés de la ville de Milan par le Premier
Consul. — Voir le document entier sous le n° 4, 884, au
tome VI de la *Correspondance de Napoléon Ier*.

temporalité d'un pouvoir, d'essence toute spirituelle, poursuivant humainement un but divin.

« Les ecclésiastiques, pensait-il, doivent se ren-
» fermer dans le gouvernement des affaires du Ciel;
» tout prêtre qui se mêle des affaires publiques ne
» mérite pas les égards qui sont dus à son carac-
» tère. Les prêtres répètent sans cesse que leur
» règne n'est pas de ce monde, et se saisissent de
» tout ce qu'ils peuvent. Le pape est le chef de cette
» religion du Ciel, et il ne s'occupe que de la terre.
» Que de choses, disait-il à Sainte-Hélène, celui
» d'aujourd'hui (Pie VII), qui est pourtant un brave
» et saint homme, m'offrait pour retourner à Rome!
» la discipline de l'Église, l'institution des évêques
» ne lui étaient plus rien, s'il pouvait à ce prix
» redevenir prince temporel... Les papes ne peuvent
» plus exercer leurs prérogatives révoltantes qui,
» autrefois, ont fait le malheur des peuples et la
» honte de l'Église; mais, au fond, ils n'en ont rien
» relâché, et encore aujourd'hui ils se regardent
» comme les maîtres du monde... »

Le pape, en tant que souverain temporel, s'im-
misçant dans les affaires publiques des États, et se
croyant ou se disant investi par Dieu du pouvoir
d'y mettre la main et même de les diriger, rappelait
trop les papes du moyen âge pour qu'un génie civil,
comme l'était Napoléon, s'en accommodât. Il le
voulait cantonné dans le gouvernement spirituel
et dogmatique de l'Église, sans nulle envie ni pouvoir de troubler l'exercice et la liberté des autres
cultes ou confessions. Quant à l'Église et au clergé
catholiques, il voulait que l'une et l'autre ne res-
semblassent en rien à ce qu'ils avaient été sous

l'ancienrégime,qu'avait détruit la Révolution de 1789,
et que ainsi que son chef, ils ne s'ingérassent en
rien ni pour rien dans les affaires gouvernementales
et administratives. Tels étaient l'idéal et l'objectif
de ce grand organisateur, de ce puissant administrateur. Et c'est parce que la Franc-maçonnerie, par
ses doctrines antipapales et laïques, et son indifférence, ou mieux sa tolérance en matière religieuse,
avait, au cours du xviii° siècle, combattu la puissance
temporelle des papes et du clergé que Napoléon,
arrivé au suprême pouvoir, laissa subsister et même
protégea, ainsi que je vais le faire voir, la Franc-
maçonnerie, tout en ayant, des francs-maçons
de son temps, une assez irrévérencieuse opinion.
Mais un grand homme d'état fait flèche de tout
bois pour arriver à ses fins.

Il existe dans le *Journal* d'O'Méara un passage
qui donne l'explication de la conduite de Napoléon
à l'égard de la Franc-maçonnerie. Dans un entretien
qu'ils eurent ensemble et dans lequel les juifs, les
jésuites, le pape, les prêtres furent tour à tour en
jeu, le docteur ayant demandé à l'Empereur ce
qu'il pensait des francs-maçons et de leur but, il
répondit :

« En général, ce sont des oisifs, des gourmands
» et des imbéciles qui se rassemblent pour manger
» et faire des folies ou des orgies. Cependant j'ai
» connu d'eux de temps en temps quelques actions
» honorables. Ils ont servi la Révolution, et contri-
» bué dernièrement encore à diminuer la puissance
» du pape et l'influence du clergé. »

Sur cette question, ajoute O'Méara, si les francs-
maçons ont quelque affiliation ou ressemblance avec

les *illuminati,* « Non, fut sa réponse. C'est une société
» tout à fait différente ; en Allemagne, elle présente
» des dangers pour l'ordre social. » C'était dire
implicitement que la Franc-maçonnerie n'en présentait pas.

Napoléon toléra et protégea donc la Franc-maçonnerie, mais il le fit à sa façon, en la frappant
d'innocuité, en la ramenant à sa mission initiale
d'assistance mutuelle et de philanthropie universelle, contrairement à ceux qui prétendent qu'elle
fut un puissant instrument révolutionnaire, ce qui
n'est pas, et « le laboratoire de la Révolution », ce
qui est tout aussi inexact, historiquement parlant,
elle ne fut, sous la main de Napoléon, qu'une
association de bienfaisance et de plaisir.

C'est ce que contaste, en le déplorant, l'auteur
très républicain et tout à fait bonapartophobe de
l'article *Grand-Orient* du Dictionnaire de Larousse.

« Sous l'Empire, dit-il, la Franc-maçonnerie per-
» dit toute sa signification philosophique et sociale ;
» ce ne fut plus désormais qu'une association de
» bienfaisance et de plaisir. On y célèbre par les
» louanges les plus hyperboliques le héros, le
» grand vainqueur, le demi-dieu qui fait le bonheur
» et la gloire de la France. Ce ne sont que
» festins, cantates, couplets à boire et à aimer
» dans ce style fade et faux qui caractérise la litté-
» rature impériale. Les officiers, les magistrats,
» les fonctionnaires de toutes les administrations
» envahissent les *loges,* qui jamais ne furent si
» nombreuses et si brillamment composées, ni si
» stériles en travaux dignes de la maçonnerie. On a
» soif d'aristocratie dans les loges, et le rite écossais

» ancien est accueilli avec faveur, parce qu'il pro-
» digue les titres pompeux, les cordons de toutes
» couleurs, les bijoux qui ressemblent à des déco-
» rations. Sous la volonté puissante du maître, les
» rites les plus disparates vivent en paix les uns à
» côté des autres. Cambacérès les préside tous avec
» le même sérieux, le même amour de l'ostentation,
» et au fond avec la même ignorance de ce qu'ils
» sont. »

Il est vrai que sous l'Empire, à une époque trop
vantée, dit l'écrivain précité, sous la protection et
dans la main du souverain, dont elle eût voulu faire
son grand-maître, mais qui se déroba à cet honneur
insigne, la Franc-maçonnerie vit ses loges se mul-
tiplier et se remplir de nombreux adeptes. Dans
l'étendue de cet Empire, image grandiosement ébauchée de celui de Charlemagne, qui, dépassant les
limites de la vieille Gaule, s'étendit un moment
des bords du Tibre à l'embouchure de l'Elbe, on
compte à un instant donné jusqu'à 1,229 ateliers
maçonniques, dont près d'une centaine à Paris seulement. Après Cambacérès, qui fut un des ministres
du Consulat et l'un des hauts dignitaires de l'Empire,
la Franc-maçonnerie eut pour grand-maître un
prince de la famille impériale, le frère aîné de
l'Empereur, le roi Joseph, qui, soit dit en passant,
n'était même pas maçon. C'était une prospérité,
sous le rapport de l'extension et de l'éclat, mais ce
n'en était qu'une trompeuse, cachant tout à la fois
une décadence et une dégénération.

D'ailleurs, Napoléon, qui administrait autant
qu'il gouvernait, avait toujours l'œil sur la Franc-
maçonnerie, et savait au besoin en réfréner les

écarts. Ayant appris, sous le Consulat, qu'une loge,
à Turin, était le siège d'idées révolutionnaires, il
écrivit la lettre qui suit au citoyen Régnier, grand-
juge, ministre de la police :

« Paris, 4 vendémiaire an XI (21 septembre 1802).

» Il existe, citoyen ministre, une loge de francs-
» maçons à Turin qui est extrêmement dange-
» reuse. Mon intention est que vous écriviez au
» général Jourdan pour qu'il défende ces loges.

» Vous écrirez une lettre particulière au citoyen
» Delaville, préfet du Pô ; c'est un homme très
» riche, mais d'un caractère très faible. Vous lui
» ferez connaître qu'il n'est pas convenable qu'un
» magistrat, investi comme lui de la confiance du
» gouvernement, assiste à ces loges tout au moins
» inutiles si elles ne sont pas dangereuses, et qui
» sont soupçonnées se nourrir de principes con-
» traires au gouvernement... » (1)

Si véritablement, ainsi que M. Guénebault le
répète d'après un écrivain maçonnique et paradoxal,
la *secte* « se fût faite sujette du despotisme impérial
« pour devenir souveraine », elle se fût redressée et
émancipée après la chute de l'Empereur. Ayant
reconquis une liberté qu'elle avait momentanément
et machiavéliquement aliénée dans un but intéressé,
elle fût redevenue la secte infernale, révolutionnaire,
jacobine, dont M. Guénebault, prenant les lecteurs
de la *Vendée* pour des imbéciles (selon le mot d'un
d'eux), s'est complu à agiter, dans une série de
mortels articles, le fantastique et drôlatique fantôme.

(1) Lettre n° 6,344, *Correspondance de Napoléon Ier*,
tome VIIIe.

Il n'en fut point ainsi. Voici ce qui se passa, comme nous l'apprend l'auteur de l'article *Grand-Orient*, dont j'ai déjà invoqué le témoignage peu suspect, vu les opinions dudit écrivain :

« Quand les revers accablent l'idole tant de fois
» encensée, le *Grand-Orient* donne le spectacle de
» la plus triste palinodie. Le 1er juillet 1814 il
» s'empresse de déclarer déchu de la grande-maî-
» trise le prince Joseph-Napoléon, qu'il s'était laissé
» imposer en 1806, et qui n'était même pas maçon.
» Il s'écrie qu'il ne peut rester muet, au milieu de
» l'allégresse générale, des acclamations d'amour
» et de piété filiale qui ont signalé le retour de Celui
» que le *grand architecte de l'univers* a conservé et
» rendu à la France. (Circulaire du 11 mars 1814.)
» Le 24 juin, les *orateurs* célébraient, à la fête
» solsticiale, la joie qu'éprouvait le peuple maçon-
» nique en voyant enfin un roi légitime entouré de
» son auguste famille. Il est vrai qu'en 1815, après
» le retour de l'île d'Elbe, le Grand-Orient réinstalla
» son grand-maître et manifesta un grand zèle impé-
» rialiste, pour destituer de nouveau le prince Joseph
» après les Cent-Jours, et donner de nouvelles
» preuves de son attachement au roi légitime.
» La Franc-maçonnerie fut obligée de se montrer
» humble et petite pour faire oublier qu'elle s'était
» traînée à deux genoux devant Napoléon. Enfin
» elle ne fut ni persécutée, ni supprimée, ni
» même aussi inquiétée qu'on pouvait le craindre
» Louis XVIII, comme ses deux frères Louis XVI
» et Charles X, était maçon; tous les trois avaient
» fait partie de la loge des Trois-frères, qui siégeait
» au château même (de Versailles), et dont étaient

» membres les officiers de la Maison du roi.
» Louis XVIII aimait fort peu les prêtres, princi-
» paux ennemis de la maçonnerie, et parmi son
» nouvel entourage, composé mi-partie des anciens
» serviteurs de la légitimité et des gloires du
» régime impérial, les maçons étaient en majorité.
» Les émigrés n'étaient pas hostiles à la maçonnerie,
» car, le 25 septembre, une loge était créée, du
» consentement même du Roi, dans la dixième
» compagnie des gardes du corps, sous l'obédience
» du Grand-Orient. Louis XVIII ne se préoccupa
» du Grand-Orient qu'au point de vue de la police
» et de la surveillance de l'esprit public. »

Le grand-Orient et la maçonnerie tout entière se livrèrent, en 1814, et en 1815, après Waterloo, à des démonstrations royalistes d'un caractère qui jurait étrangement avec de récents antécédents. Il y eut à Marseille, ville de toutes les exaltations en sens divers et opposés, une procession maçonnique dans laquelle on promena le buste du Roi *bien-aimé* dans les rues de la cité. Ailleurs, des loges firent prêter à leurs membres le serment de mourir au besoin pour la défense de la dynastie des Bourbons.

Si ce n'était pas trop m'éloigner de mon sujet, je me donnerais le plaisir de poursuivre jusqu'au moment actuel l'histoire de la Franc-maçonnerie française personnifiée dans le Grand-Orient. On y verrait une suite non interrompue de palinodies. Favorable, ainsi qu'on va le voir, à la Restauration, elle finit par lui devenir hostile pour s'enthousiasmer en faveur de la Révolution de 1830 et du régime qui en fut la conséquence. La bourgeoisie et d'avant et d'après les *trois glorieuses,* était toute franc-maçonne. Fatiguée, comme cette même bourgeoisie, du régime de Juillet, elle applaudit à la révolution 1848, à la république qui en sortit, puis au second Empire, dont elle demanda solennellement le rétablissement. Maintenant elle est républicaine et même radicale ; demain, après-demain, elle sera autre chose, en attendant qu'elle subisse le sort à elle annoncé en ces termes par un écrivain qui lui est plutôt sympathique que défavorable :

« Aucune société n'a essuyé plus d'attaques,
» plus de persécutions que la Franc-maçonnerie.
» Tolérée ou proscrite, suivant que les hommes
» aimaient ou redoutaient la vérité, elle a subi bien
» des jugements contradictoires. De nos jours (1855),
» bannie d'un côté, honorée et protégée de l'autre,
» tolérée à peine sur un troisième point, elle ne nous
» parait pas éloignée d'une époque où, usée et vieillie,
» sentant qu'elle n'est plus bonne à rien, que son
» règne est passé sans retour, que pour faire quelque
» bien il n'est besoin ni d'épreuves, ni d'attouche-
» ments, ni de huis-clos, que tout doit être public
» dans un siècle de publicité, elle ouvrira ses
» temples déserts, vendra au profit des pauvres ses
» derniers ornements et oripeaux emblématiques,
» et congédiera poliment les derniers sectaires de
» son philosophique enfantillage. » (1)

Le bruit qui se fait depuis quelque temps, autour et à propos de la Franc-maçonnerie, soit pour, soit contre, les attaques violentes et répétées des catho-

(1) *Dictionnaire de la Conversation,* tome IXe, article *Franc-maçonnerie.*

liques de l'école royaliste-légitimiste, les vanteries, je pourrais dire les gasconnades de certains *frères* qui prêtent à leur secte une influence qu'elle n'a pas, tout ce bruit, toute cette logomachie, toutes ces exagérations en sens contraires ne parviendront pas à raviver cette institution de l'aristocratie philosophique et sentimentale du xᵛᴵᴵᴵᵉ siècle.

La Franc-maçonnerie est, à l'heure actuelle, une société tout à fait démodée, et qui ne répond plus à aucun besoin moral. Son programme, ses doctrines sont frappés de banalité et n'ont pas ni opportunité ni raison d'être. La cause de la liberté de conscience et de la tolérance religieuse est gagnée devant le tribunal de l'opinion publique. Les prétendus secrets qui se cachaient au fond des loges sont les secrets de la comédie. Ces grades dont elle investirait, dit-on, exclusivement certains individus, et qui les rendraient dépositaires des grands et suprêmes mystères, sont tout à fait imaginaires (1). Des grands-maîtres n'étaient même pas maçons avant d'entrer en charge, par exemple Joseph-Napoléon et le maréchal Magnan. Ses rites, ses cérémonies, ses insignes prêtent à rire ; ses réceptions, ses ser-

(1) Il n'est point vrai qu'il y ait dans la Franc-maçonnerie un ou plusieurs grades qui soient le partage exclusif de quelques individus ; il n'est pas vrai non plus qu'on ne révèle les mystères qu'à certains adeptes. Ce sont des faussetés inventées par ceux qui veulent incriminer une institution qui ne pourrait avoir une couleur politique qu'en faussant ses principes et en changeant tout à fait son but et sa morale ; alors ce ne serait plus la Franc-maçonnerie. (*Encyclopédie moderne*, publiée par la maison Didot sous la direction de M. Léon Rénier, membre de l'Institut, article *Franc-maçonnerie*, au tome XVᵉ.)

ments sont d'un mélodramatique digne des romans d'Anne Radcliffe. Un républicain spirituel, M. Andrieux, s'en est récemment moqué d'une façon cruelle.

Les hommes distingués, vraiment laborieux, vraiment philanthropes qui peuplèrent les loges et ateliers de la Franc - maçonnerie, sous la Restauration, sous le régime de Juillet, sous le second Empire, y ont été remplacés, sous la République actuelle, par des recrues d'une déplorable médiocrité sociale et morale. La platitude y règne avec un philosophisme suranné.

Qu'est-il besoin de doctrines soi-disant mystérieuses et souterraines alors que la publicité règne en souveraine et que rien ne peut échapper à sa pénétrante lumière, à ses investigations, à ses indiscrétions, comme à ses critiques? La Franc-maçonnerie était compatible avec une société fermée, comme l'était l'ancien régime sous lequel elle s'introduisit en France et y florit. Elle est incompatible avec une société ouverte comme l'est la nôtre.

C'est se moquer du public, et abuser de sa crédulité ou de sa sottise que de chercher à faire croire que la Franc-maçonnerie est un laboratoire révolutionnaire toujours en travail sous nos pieds, que c'est elle qui fait les élections républicaines et contrarie les élections conservatrices, qu'elle est dirigée par des gens masqués animés d'intentions perturbatrices et antisociales dont ils poursuivent *per fas et nefas* la diabolique réalisation. Tout cela est ridicule.

Le danger social n'est pas là. Il est en nous-mêmes;

il est dans l'état général des esprits, dans l'anarchie
des sentiments et des opinions, dans l'indifférence
pour les grands, les vrais intérêts publics qui en est
la conséquence, enfin et surtout dans l'absence d'un
gouvernement éclairé et sensé. Celui que les déplorables événements de 1870 et que l'aveuglement
d'une majorité conservatrice ou soi-disant telle nous
ont infligé, n'en est pas un. S'il en était un, au
lieu d'être celui d'une secte, d'une bande, d'un troupeau, il serait celui de tout le monde; au lieu de
s'étudier, pour s'assurer une précaire existence, à
désunir les citoyens, à les exaspérer les uns contre
les autres, il ferait tout pour les rassembler, pour
les réunir; au lieu de faire deux Frances hostiles,
contendantes et discordantes sur toutes choses, il
travaillerait à n'en faire qu'une fortement liée et
n'ayant qu'un objectif: son relèvement et sa régénération. Ce gouvernement, à la fois autoritaire et
démocratique, qui étouffera tous les ferments révolutionnaires, quand l'aurons-nous, l'aurons-nous?
C'est au bon sens public, c'est au suffrage universel
qu'il appartient d'en décider.

De ces considérations, je reviens à M. Guénebault
et à ses aberrations; c'est descendre.

S'il est une question qui mérite d'être examinée
et traitée sérieusement, c'est celle de la cause et de
l'origine des guerres de la Révolution et de l'Empire.
Il a plu à M. Guénebault de voir dans celles que
soutint Napoléon, comme premier Consul et comme
Empereur, le résultat d'*une insatiable ambition*,
excitée, encouragée à se satisfaire par la Franc-
maçonnerie. Ce serait, selon lui, en exploitant cette
ambition, et « pour faire servir toutes les forces de

» la France au développement incessant de la Franc-
» maçonnerie, que celle-ci aurait lancé notre pays
» dans des guerres insensées qui, fatalement,
» devaient aboutir tôt ou tard aux plus lamentables
» désastres. »

Je ne crois pas qu'il soit possible de pousser plus
loin la fantaisie, en matière d'histoire.

Les guerres de la Révolution, dont celles du
Consulat et de l'Empire ne furent que la suite et
la conséquence, ont une origine qui ne ressemble
en rien à la paradoxale explication qu'en donne
M. Guénebault. Elles furent des nécessités nationales, des actes de légitime défense, des réponses à
des provocations et à des menaces suivies de voies
de fait que la nation française ne devait ni ne pouvait
tolérer ; car il y allait à la fois de son existence et
de son honneur.

Deux faits à jamais regrettables, contribuèrent,
indépendamment de la faiblesse de Louis XVI et de
l'inintelligence de ses conseillers, à pousser le mouvement réformateur de 1789, hors de la voie de la
modération, et à faire, de ce qui eût pu et dû être
une transaction, une révolution violente.

Ces deux faits sont : — La coalition de l'Europe
monarchique, encore féodale, contre la France en
travail de transformation ; — l'émigration à l'étranger
avec menace de rentrer avec lui les armes à la main,
des princes de la famille royale et de la noblesse.

Cette hégire malencontreuse, criminelle même,
dont les parents les plus proches du Roi donnèrent
l'exemple, commença sitôt après la prise de la
Bastille. Bientôt après, sous les Condé, les émigrés
formèrent une armée destinée à envahir la France

et à la mettre à la raison. Ce fut aussi désastreux pour la Royauté que l'était l'attitude armée et menaçante des puissances.

« Une coalition, dit Mignet, se forma contre la
» Révolution française. L'Autriche y entra dans
» l'espoir de s'agrandir, l'Angleterre dans celui de
» se venger de la guerre d'Amérique, la Prusse
» pour raffermir le pouvoir absolu menacé et
» occuper son armée oisive ; les cercles de l'Alle-
» magne pour redonner à quelques-uns de leurs
» membres les droits féodaux, dont l'abolition de
» ce régime les avait privés en Alsace ; le roi de
» Suède, qui s'était fait le chevalier de l'arbitraire,
» pour le rétablir en France, comme il venait de le
» rétablir dans son propre pays ; la Russie, pour
» exécuter sans trouble le partage de la Pologne,
» tandis que l'Europe serait occupée ailleurs ; enfin
» tous les souverains de la Maison de Bourbon, par
» intérêt de pouvoirs et par attachement de famille.
» Les émigrés les encourageaient dans ces projets
» et les excitaient à l'invasion. Selon eux, la France
» était sans armée, ou du moins sans chef, dénuée
» d'argent, livrée au désordre, lasse de l'Assemblée,
» disposée à l'ancien régime, et elle n'avait ni moyen,
» ni envie de se défendre. Ils arrivaient en foule
» pour prendre part à cette courte campagne, et ils
» se formaient en corps organisés, sous le prince
» de Condé à Worms, sous le comte d'Artois à
» Coblentz. » (1)

Des intentions, on voit si elles étaient hostiles, étrangers et émigrés passèrent aux paroles et aux

_____

(1) *Histoire de la Révolution française*, chap. IV.

menaces, en attendant qu'ils passassent aux actes
de guerre déclarée. Le 27 août 1791 fut signée, au
château royal de Pilnitz, nom d'un village situé
sur l'Elbe, non loin de Dresde, en présence du
comte d'Artois, entre l'empereur d'Allemagne,
Léopold, et le Roi de Prusse, Frédéric-Guillaume,
une convention qui n'atteignit pas le but qu'elle se
proposait. Elle exaspéra la France sans l'intimider,
et alluma en Europe un incendie effroyable qui
dura vingt ans et qui ne s'éteignit que sous des
flots de sang. Voici ce que stipulait cette convention
funeste :

« Sa Majesté l'Empereur et Sa Majesté le Roi de
» Prusse, *ayant entendu les désirs et les repré-*
» *sentations de Monsieur* (le comte de Provence,
» depuis Louis XVIII) *et de M. le comte d'Artois*
» (depuis Charles X), déclarent conjointement
» qu'elles regardent la situation où se trouve
» actuellement Sa Majesté le Roi de France comme
» un sujet d'un intérêt commun à tous les souve-
» rains de l'Europe. Elles espèrent que cet intérêt
» ne peut manquer d'être reconnu par les puis-
» sances dont le secours est réclamé, et qu'en
» conséquence elles ne refuseront pas, conjointe-
» ment avec leurs dites Majestés, les moyens les
» plus efficaces relativement à leurs forces, pour
» mettre le Roi de France en état d'affermir, dans
» la plus parfaite liberté, les bases d'un gouverne-
» ment monarchique également convenable aux
» droits des souverains et au bien-être des Français.
» Alors, et dans ce cas, leurs dites Majestés sont
» décidées à agir promptement et d'un commun
» accord avec les forces nécessaires pour obtenir

» le but proposé et commun. En attendant, elles
» donnent à leurs troupes les ordres convenables
» pour qu'elles soient à portée de se mettre en
» activité. »

La France nouvelle, fille de 1789, la France de
l'égalité, s'indigna, se révolta de ces menaces de la
vieille Europe, de l'Europe des privilèges; provoquée de cette façon outrageante, elle résolut de
défendre par tous les moyens possibles le droit
exclusif qu'elle croyait avoir conquis de se donner
tel gouvernement qu'elle jugerait convenable à sa
dignité et à ses besoins. Le 20 avril 1792, dans la
nuit, sur la proposition même de Louis XVI (1),
l'Assemblée nationale constituante, considérant,
entre autres griefs, « que la cour de Vienne a pro-
» voqué et formé un concert, avec plusieurs puis-
» sances de l'Europe, contre l'indépendance et la
» sûreté de la nation française », déclara, vu
l'urgence, la guerre, non pas à l'Empereur, mais
au roi de Hongrie et de Bohême, c'est-à-dire à
l'Autriche.

(1) Cette proposition fut ainsi motivée par le Roi:
« Messieurs, vous venez d'entendre le résultat des négocia-
» tions que j'ai suivies avec la cour de Vienne. Les conclusions
» du rapport ont été l'avis unanime de mon Conseil; je les
» ai adoptées moi-même. Elles sont conformes au vœu que
» m'a manifesté plusieurs fois l'Assemblée nationale, et aux
» sentiments que m'ont témoignés un grand nombre de
» citoyens de différentes parties du royaume; tous préfèrent
» la guerre à voir plus longtemps la dignité du peuple
» français outragée et la sûreté nationale menacée. J'avais
» dû préalablement épuiser tous les moyens de maintenir
» la paix. Je viens aujourd'hui proposer à l'Assemblée
» nationale de déclarer la guerre contre le Roi de Hongrie
» et de Bohême. »

« Ainsi, dit Mignet, fut entreprise, avec la prin-
» cipale des puissances confédérées, cette guerre
» qui s'est prolongée pendant un quart de siècle,
» qui a affermi la Révolution victorieuse, et qui a
» changé la face même de l'Europe. »

« Il faut en convenir, dit Thiers de son côté, cette
» guerre cruelle, qui a si longtemps déchiré l'Eu-
» rope, n'a pas été provoquée par la France, mais
» par les puissances étrangères. La France, en la
» déclarant, n'a fait que reconnaître par un décret
» l'état où on l'avait placée... »

Alea jacta est. Toute l'Europe, à l'exception du
petit Danemarck et de la toute petite Toscane, se
coalise contre la France et contre les principes
régénérateurs de 1789, lesquels étaient à la fois de
grandes vérités philosophiques et de grandes
nécessités sociales. « Malgré l'exemple sanglant
» que la Grande-Bretagne elle-même avait donné,
» le cabinet de Londres s'éleva tout à coup en
» ennemi de la liberté des nations. » (1) Dirigé par
un homme d'État de haute valeur, mais complètement dépourvu de sentiments généreux et d'idées
libérales, de plus, « ennemi implacable de la pros-
» périté de la France, » j'ai nommé William Pitt,
ce cabinet, trouvant l'occasion favorable de se
venger de notre participation à l'indépendance de
l'Amérique du Nord, se fait le promoteur de cette
guerre sauvage de tous contre un seul; il s'en
constitue le caissier et le bailleur de fonds, et cela
jusqu'à la fin. L'Autriche de Charles-Quint et de

(1) Napoléon Ier (Politique du Directoire), dans les Œuvres
de Sainte-Hélène.

Marie-Thérèse, la Prusse du grand Frédéric, et l'armée soi-disant invincible dont il l'avait dotée, ouvrent la campagne et le feu contre la liberté française, à la grande joie des princes français et des émigrés qui, à leur exemple, avaient déserté les rangs de l'armée et s'étaient jetés dans les bras de l'Etranger.

La Fortune et la Justice déjouent ces mauvais desseins; elles le font d'une manière aussi drama- tique qu'inattendue. Cette antique monarchie, que la vieille Europe veut rétablir dans ses séculaires institutions, est renversée; ce roi, à qui elle veut restituer ses prérogatives gothiques, périt sur l'échafaud; ce vieux *droit,* qu'elle faisait descendre du Ciel et qu'on veut relever et raviver par la force, s'effondre et disparaît dans un orage sanglant. Mais la France et la Révolution ne disparurent pas; le but de cette croisade fut manqué.

A Sainte-Hélène, se reportant à cette époque qui vit le triomphe de la France et les premiers éclats de sa gloire personnelle, qui fut aussi une gloire nationale, Napoléon se livra à une hypothèse sur ce qui serait arrivé si l'Angleterre n'eût pas suscité et subventionné cette guerre. Cette *spéculation* est admirable autant par le style que par l'éloquence. Comme elle exprime les sentiments pacifiques dont Napoléon fut foncièrement animé, mais dont des évènements supérieurs à sa volonté ne lui permirent pas la réalisation, je ne pense pas sortir de mon sujet en la reproduisant :

« Ce serait un beau champ à exploiter, pour la » spéculation, dit Napoléon, que d'estimer ce que

» fût devenue la destinée de la France et de l'Europe
» si l'Angleterre, tout en désavouant le *meurtre* de
» Louis XVI, ce qui était d'une morale publique,
» eût écouté les conseils d'une politique philanthro-
» pique en acceptant, comme alliée, la Révolution
» française. Les échafauds n'eussent pas couvert
» la France ; les rois n'eussent pas été ébranlés sur
» leurs trônes ; ils auraient été, tous plus ou moins,
» au-devant des révolutions ; l'Europe entière, fût
» devenue constitutionnelle et libre, sans secousse,
» sans jalousie, sans ambition... La République
» française se serait assise sur elle-même et sur la
» société environnante ; elle n'aurait eu ni la
» pensée, ni le besoin d'envahir. Elle n'aurait pas
» eu la nécessité de la victoire, et la législation
» implacable, qui appuyait au-dedans cette nécessité,
» n'eut pas répandu les flots de sang dont le sol
» français a été abreuvé. Aucune supériorité que
» celle de la loi ne se fût élevée dans son sein ; il
» n'y aurait eu de place pour aucune ambition
» privée. Toute la gloire eût été dans les tribunes
» et sur les bancs des magistrats ; tout l'intérêt eût
» été pour l'industrie. Le commerce, l'agriculture,
» seraient devenus, avec les beaux-arts, le patri-
» moine de la liberté. Une seule campagne aurait
» eu lieu, peut-être, dans le commencement ; celle-là
» eût donné à la France les belles limites du Rhin,
» des Alpes et des Pyrénées. C'eût été sa seule
» conquête. La France eût été le plus grand miracle
» de la civilisation ; elle eût ressuscité la Rome des
» Scipions, et la Grèce de Miltiade et de Léonidas.
» Mais l'Angleterre n'eût été qu'un comptoir,
» parce ue la France eût été la métropole du

» monde. La mort de la France fut résolue par
» l'Angleterre. » (1)

Après deux années où les revers l'emportèrent
sur les succès, après des désordres militaires, résultats d'une administration de la guerre inepte et
démagogique qui tuait toute discipline, la France
eut une armée qui fit face à tous les besoins de la
défense nationale. Ce bienfait, qui fut son salut,
elle le dut à trois hommes qui surent, au milieu
d'une anarchie générale, faire régner l'ordre là où
il est indispensable, dans l'organisation de l'armée
et dans les opérations. Ils s'appelaient Carnot,
Prieur (de la Côte-d'Or), Robert-Lindet. Grâce à
eux surtout, les affaires militaires, de mauvaises
qu'elles étaient, nous devinrent partout favorables,
et la France fut sauvée de l'invasion. Les campagnes de 1793, de 1794, de 1795 eurent ce résultat
admirablement heureux, et Napoléon a pu, dans
l'écrit précité, résumer en ces termes les triomphes
miraculeux des armées républicaines : « La prise
» de cent cinquante villes, cent combats, vingt-neuf
» grandes batailles portèrent le nom français au-
» dessus de celui de tous les peuples et au-dessus
» même de l'honneur des plus grands souvenirs.
» Telle était la gloire française, et la guerre d'Italie
» n'avait pas eu lieu ! »

Napoléon fut mêlé, on sait avec quel éclat et
quels succès à cette lutte héroïque, d'un peuple,
d'une nation contre toute l'Europe. Avant cette
guerre d'Italie, qui allait commencer sous son com-

(1) *Commentaires de Napoléon Ier*, tome IIIᵉ (Politique
du Directoire).

mandement, il avait défendu la Patrie et la Révolution, ce qui pour lui était tout un, à Toulon, dans les Alpes Maritimes, à Paris dans la journée du 13 vendémiaire. Les victoires répétées qui signalèrent la campagne d'Italie, et qui contraignirent l'Autriche, « veuve de cinq belles armées », à signer les préliminaires de Léoben (16 avril 1797), mirent en une éclatante évidence le génie militaire et aussi le génie politique de l'homme qui avait conduit cette grande affaire. Contrairement aux intentions du Directoire, qui voulait tout révolutionner et républicaniser, le général Bonaparte fit de lui-même et par-dessus la tête du Directoire la paix avec l'Autriche.

C'était beaucoup ; mais ce n'était pas assez pour son patriotisme et sa prévoyance. Napoléon désirait plus qu'une paix particulière, il voulait une paix générale qui désarmât l'Angleterre, parce que cette Angleterre, notre ennemie héréditaire, avait fomenté et subventionné la guerre que la paix de Bâle et celle de Campo-Formio avaient terminée, à sa confusion, comme à notre avantage et à notre honneur. Cette troisième paix était possible.

L'Angleterre avait été amenée, par le triomphe des armées françaises, à la conviction qu'elle ne pourrait réaliser son dessein qui avait été, et qui était encore de détruire notre pays, dans le présent et dans l'avenir. Voyant que tout ce qu'elle avait fait dans ce but, en ameutant l'Europe contre la France, en prodiguant plus son argent que son sang, n'avait pas abouti, elle se décida, au mois de mai 1797, c'est-à-dire après la signature des préliminaires de Léoben, à entamer une négociation pour une paix dont elle avait besoin. Pitt en avait pris l'initiative ; c'est dire combien ce besoin était grand. Des conférences s'ouvrirent à Lille ; dirigées avec sincérité et loyauté d'un côté comme de l'autre, elles n'aboutirent pas, du fait de la faute et de la mauvaise volonté du Directoire.

Le général Bonaparte en éprouva un immense regret, comme s'il entrevoyait les conséquences, fatales pour lui et pour la France, de cette belle occasion perdue de réconciliation avec une ennemie d'autant plus dangereuse, qu'elle était isolée du continent, qu'elle était riche et toute-puissante sur les mers. La faute que commit le Directoire en rompant les conférences de Lille le décida à en finir avec l'Autriche ; il signa la paix de Campo-Formio le 17 octobre 1797, six mois après les préliminaires de Léoben.

La rupture des conférences de Lille a été considérée par Napoléon comme la cause de toutes les guerres qui suivirent, et qu'il eut à soutenir, sans les avoir réellement provoquées, contre l'Europe entière ameutée contre lui par l'Angleterre. Voici comment il s'explique à ce sujet dans un de ses écrits de Sainte-Hélène :

« Napoléon traitait alors, à son quartier-général » d'Eygen-Wald, près de Léoben, de la paix avec » l'Autriche. *Il se prononça hautement pour la paix* » *avec l'Angleterre, à quelque prix que ce fût*; il la » considérait comme indispensable à la consolida- » tion de la République. Il l'a prouvé depuis, à » son avènement au Consulat (1), et à l'Empire,

(1) Napoléon fait allusion ici à la belle lettre, qu'il écrivit de

» plus tard à Tilsit et à Erfurt ; mais le cabinet de
» Saint-James, qui avait été au moment de signer
» avec le Directoire, gouvernement faible et débon-
» naire, se refusa constamment à toutes les ouver-

Paris, le 4 nivôse, an VIII (21 décembre 1799) à Georges III,
roi d'Angleterre :

« Appelé, Sire, par le vœu de la nation française, à occuper
» la première magistrature de la République, je crois
» convenable, en entrant en charge, d'en faire directement
» part à votre Majesté.

» La guerre qui, depuis huit ans, ravage les quatre
» parties du monde, doit-elle être éternelle? N'est-il donc
» pas moyen de s'entendre?

» Comment les deux nations les plus éclairées de l'Europe,
» puissantes et fortes plus que ne l'exigent leur sûreté et
» leur indépendance, peuvent-elles sacrifier à des idées de
» vaine grandeur le bien du commerce, la prospérité exté-
» rieure, le bonheur des familles? Comment ne sentent-elles
» pas que la paix est le premier des besoins comme la pre-
» mière des gloires?

» Ces sentiments ne peuvent pas être étrangers à votre
» Majesté, qui gouverne une nation libre, et dans le seul but
» de la rendre heureuse.

» Votre Majesté ne verra dans cette ouverture que mon
» désir sincère de contribuer efficacement, pour la seconde
» fois, à la pacification générale, par une démarche prompte,
» toute de confiance, et dégagée de ces formes, qui, néces-
» saires peut-être pour déguiser la dépendance des États
» faibles, ne décèlent, dans les États forts, que le désir
» mutuel de se tromper.

» La France, l'Angleterre, par l'abus de leurs forces,
» peuvent longtemps encore, pour le malheur de tous les
» peuples, en retarder l'épuisement ; mais, j'ose le dire, le
» sort de toutes les nations civilisées est attaché à la fin
» d'une guerre, qui embrasse le monde entier.

» BONAPARTE,

» *Premier Consul de la République française.* »

Une lettre, dans le même sens, fut adressée à l'Empereur
d'Allemagne, François II.

(Voir ces deux lettres au t. VI de la *Correspondance* de
Napoléon Ier.)

» tures de Napoléon, parce que son gouvernement
» était fort et héréditaire. Il ne pouvait pas mani-
» fester sa haine pour la France d'une manière plus
» évidente; car sous Napoléon, il ne s'agissait plus
» de propagande : l'esprit révolutionnaire avait été
» comprimé. Le 18 Brumaire et l'Empire avaient
» vengé avec éclat le système monarchique. Que
» voulait donc l'Angleterre en refusant la paix au
» vainqueur de Marengo, au premier Consul, que
» la France et l'Europe saluaient du beau nom de
» *Libérateur*, à l'Empereur des Français dont tous
» les rois recherchaient l'alliance? Elle comprit que
» rien ne pouvait plus arrêter la prospérité de la
» France si elle jouissait du bienfait de la paix
» générale. Elle s'effraya de l'idée que la marine
» française, reprenant son ancien éclat, ne lui
» disputât un jour l'empire des mers. Napoléon ne
» s'égara point dans une passion aveugle; il savait
» le bien dont manquait la France; la paix avec
» l'Angleterre était le but qu'il voulait atteindre;
» mais elle prodiguait ses trésors pour soudoyer
» contre lui les armées de l'Europe; et ce n'était
» que par des victoires qu'il pouvait espérer de
» dominer la haine anglaise en soumettant ses
» alliés; c'est ainsi qu'il fut entraîné, malgré lui,
» à la conquête de l'Europe et au blocus continen-
» tal. » (1)

Voilà expliquées, avec une compétence magistrale,
par des raisons tout à fait historiques, les guerres
que Napoléon, héritier et défenseur de la Révolution
française, de la bonne Révolution, eut à soutenir de

(1) *Commentaires de Napoléon Ier*, tome IIIe (Situation
politique de l'Europe en 1798).

1800 à 1815, contre l'Europe coalisée. Y faire intervenir la Franc-maçonnerie est absolument ridicule ; les attribuer à *une insatiable ambition,* exploitée par cette même Franc-maçonnerie, est une conception déraisonnable.

Certes l'ambition de Napoléon fut grande, mais elle n'eut rien de personnel et d'insatiable ; elle était nationale et patriotique, proportionnée à des desseins qui tendaient tous à la grandeur et à la prospérité de la France. Ce Français d'hier, ce fils d'un modeste gentilhomme de l'île de Corse, aimait la France, la vieille Gaule d'une *violente amour,* comme le Basque Henri IV. Comme Annibal, dont il mettait le génie militaire au-dessus de tous autres, quelques éminents qu'ils fussent, et dont il admirait le patriotisme invincible, il eut en face de lui, dans l'Angleterre, une Rome conjurée contre la France et contre sa révolution, visant à établir dans l'Europe, dont elle voulait faire sa vassale, une suprématie industrielle, commerciale et politique.

Par la force des choses et des événements, Napoléon devint le champion de la France et de la Révolution qu'elle avait accomplie malgré l'Europe féodale. Est-ce sa faute à lui si cette Europe ne sut pas se soustraire à la perverse influence de l'Angleterre ? On le força à des guerres qu'il n'eût pas faites de lui-même ; on l'entraîna à des conquêtes excessives, à des agrandissements dangereux, à un régime trop personnel. A peine s'arrêtait-il qu'on le contraignait à marcher. Ainsi que l'a dit si bien Béranger :

> Nous courions conquérir la Paix
> Qui fuyait devant la Victoire.

Il ne fit pas moins de six grands traités de paix : Campo-Formio, Lunéville, Anvers, Presbourg, Tilsit, Vienne. L'Angleterre les rendit tous précaires, tous éphémères, et Napoléon, accablé par des coalitions toujours renaissantes, tomba avec la France après avoir, comme il le dit à Sainte-Hélène « reculé les limites de la gloire », et vu les plus savantes combinaisons d'un génie militaire sans pair échouer par des accidents imprévus et des fautes qui ne lui étaient pas toutes personnelles. Un froid précoce et inhabituel sauve la Russie, au moment où elle était envahie par une armée organisée comme il n'en fut jamais ; la défection des Saxons, nos alliés, nous fait perdre la bataille de Leipzig, après une lutte de trois jours ; la trahison d'un maréchal de l'Empire et la défection du sixième corps qui en fut la conséquence, paralysent les efforts suprêmes de Napoléon en avril 1814. A quoi tint le succès de la campagne de 1815 ? Tout le monde le sait sans qu'il soit besoin de le redire.

M. Guénebault n'accorde au grand homme qu'il ose prendre à partie, aucune qualité, aucun service ; il ne voit dans sa mémorable vie, dans ses actes les plus remarqués que du mauvais, du détestable, du diabolique. Comment en eût-il été autrement ? La Franc-maçonnerie est une secte infernale ; c'est M. Guénebault qui nous l'a appris, et, s'il l'a dit, c'est qu'il en est pertinemment sûr. Bonaparte a été, ainsi qu'il nous l'apprend aussi, « l'*instrument de la Franc-maçonnerie* », Napoléon fut un « Empereur maçon » ; donc tout ce qu'il a fait est satanique, le Concordat de 1801 comme tous ses autres actes. Toute stupéfiante que soit, sous une plume catholique, cette dernière manière de voir, il faut pourtant que j'y fasse quelque attention, et que je m'y arrête.

Dans le chapitre soixante-quinzième et dernier, intitulé *Sainte-Hélène,* de son *Histoire du Consulat et de l'Empire,* Thiers, après avoir dit qu'il n'est pas « de ceux qui reprochent à Napoléon d'avoir, » dans la journée du 18 Brumaire, arraché la France » aux mains du Directoire, entre lesquelles peut- » être elle eût péri, » justifie son opinion de la façon que voici :

« Si jamais une nation eut des excuses pour se » donner à un homme, ce fut la France lorsqu'en » 1800 elle accepta Napoléon comme chef. Ce » n'était pas une fausse anarchie dont on cherchait » à faire peur à la nation pour l'entraîner. Hélas » non ! des milliers d'existences innocentes avaient » succombé sur l'échafaud, dans les prisons de » l'Abbaye, ou dans les eaux de la Loire. Les » horreurs des temps barbares avaient tout à coup » reparu au sein de la civilisation épouvantée, et, » même après que ces horreurs étaient déjà loin, » la Révolution française ne cessait d'osciller entre » les bourreaux auxquels on l'avait arrachée, et » les émigrés aveugles qui voulaient la faire rétro- » grader à travers le sang vers un passé impossible, » tandis que sur ce cahos se montrait menaçante » l'épée de l'Étranger ! A ce moment revenait de » l'Orient un héros plein de génie, qui, partout » vainqueur de la nature et des hommes, sage, » modéré, religieux, semblait né pour enchanter le » monde ! Jamais, assurément, on ne fut plus

» excusable de se confier à un homme, car jamais
» terreur ne fut moins simulée que celle qu'on
» fuyait, car jamais génie ne fut plus réel que celui
» auprès duquel on cherchait un refuge. »

Je souligne et je retiens le mot *religieux;* appliqué
à Napoléon, et pris dans son acception la plus
grande et la plus simple, il est parfaitement juste,
ainsi d'ailleurs que je l'ai établi précédemment.
Cette *religiosité,* il la montra dès son entrée au
Consulat, en se constituant le restaurateur de la
liberté de conscience et en réparant tous les outrages
qu'elle avait eu à supporter au cours des crises
révolutionnaires, en violation d'un des principes
essentiels de la Révolution elle-même. Voici quelle
était la situation religieuse la veille du 18 Brumaire,
telle que la dépeint un publiciste-historien d'une
grande sincérité :

« Jusqu'à la fin du Directoire, tous les gouver-
» nements nés de la Révolution avaient supprimé
» la liberté de conscience. Sous la Constituante, la
» faction des jansénistes, unie à celle des philo-
» sophes, en établissant la constitution civile du
» clergé, avait détruit la règle et la tradition catho-
» liques; sous la Convention, les démagogues de
» Paris, unis à la faction des hébertistes, en détrui-
» sant le culte, en fermant les églises, en guilloti-
» nant les prêtres, avaient violenté des millions
» d'âmes en leur interdisant les conseils, les con-
» solations, les secours de la religion. Les vieilles
» générations mouraient sans prières; les nouvelles
» s'élevaient sans croyances et sans direction
» morale.

» Enfin, sous le Directoire, le pouvoir nouveau,

» formé néanmoins par les modérés, montra le
» même dédain de la liberté de conscience, déporta
» les prêtres, continua la vente des églises ; et La
» Réveillère, l'un des Directeurs, en persécutant la
» religion traditionnelle de la France, glissa tout
» doucement celle qu'il avait inventée (la théophi-
» lanthropie) dans les églises interdites au catho-
» licisme.

» Une telle persécution dirigée contre la liberté
» religieuse altérait le caractère de la Révolution,
» et la rendait intolérable à tous les esprits droits
» et honnêtes auxquels elle enlevait la plus invio-
» lable des facultés. Napoléon Bonaparte, en lais-
» sant leurs opinions aux philosophes, n'hésita pas
» à l'assurer aux familles.

» Dès le 28 décembre 1799, il signa un décret
» qui rendait aux catholiques toutes les églises qui
» n'avaient pas été aliénées, et il décida que les
» cérémonies du culte pourraient y être célébrées
» tous les jours. Le 29, il ordonna qu'il serait dressé
» un état de tous les prêtres déportés ; le 30, il
» insista avec vivacité pour que cette liste fût
» formée ; et, après l'avoir examinée, il rappela
» tous ces malheureux. Le même jour, il ordonna
» que des funérailles publiques seraient faites aux
» restes de Pie VI, mort à Valence le 29 août
» précédent, et qu'un tombeau lui serait élevé aux
» frais de l'État. » (1)

Je me reprocherais de ne pas ajouter à ce qu'on
vient de lire ce que l'auteur de ces nobles mesures

_____

(1) *L'Empire et son principe*, dans le journal l'*Ordre* du
16 octobre 1874, par M. A. Granier de Cassagnac, auteur
de l'*Histoire des causes de la Révolution française*.

a écrit lui-même à ce sujet. Voici ce qu'on lit dans sa dictée de Sainte-Hélène, intitulée *Consuls provisoires* :

« Napoléon, qui avait beaucoup médité sur les
» matières de la religion en Italie et en Egypte,
» avait à cet égard des idées arrêtées ; il se hâta
» de faire cesser les persécutions... La persécution
» avait été poussée aussi loin que peuvent le faire
» la haine des théophilanthropes. Prêtres réfrac-
» taires ou assermentés, tous étaient compris dans
» la même proscription ; les uns avaient été expé-
» diés à l'île de Ré, d'autres à la Guyane, d'autres
» à l'étranger ; d'autres gémissaient dans les pri-
» sons... Son premier acte fut d'ordonner la mise
» en liberté de tous les prêtres mariés ou asser-
» mentés qui étaient détenus ou déportés. L'empor-
» tement des factions avait été tel, que même ces
» deux classes avaient été déportées en masse. On
» décréta que tout prêtre, déporté, emprisonné, etc.,
» qui ferait serment d'être fidèle au gouvernement
» serait sur-le-champ mis en liberté. Dans le
» même temps, les lois sur les décades furent
» rapportées, les églises rendues au culte, et des
» pensions accordées aux religieux et religieuses
» qui prêteraient serment de fidélité au gouverne-
» ment. La plupart se soumirent ; par là des mil-
» liers d'individus furent arrachés à la misère. Les
» églises se rouvrirent dans les campagnes, les
» cérémonies intérieures furent permises, tous les
» cultes furent protégés, et le nombre des théophi-
» lanthropes diminua de beaucoup. »

Mais, dans la pensée de Napoléon, ce n'était pas assez d'abolir les lois intolérantes rendues contre

les prêtres par les gouvernements précédents ; il
fallait autre chose de plus grand et de plus significatif ; il fallait réconcilier la Révolution et l'Eglise
catholique, qui était, quoi qu'on eût fait, la com-
munion de la grande majorité des Français. Il
négocia donc, et fit avec la Papauté le Concordat
du 23 fructidor an IX (10 septembre 1801), qui fut
l'Edit de Nantes du xixᵉ siècle, et dont on a dit avec
raison qu'il fut et qu'il est resté un admirable
instrument de paix civile, morale et religieuse.

Personne mieux que Napoléon lui-même n'a
exposé les mobiles qui le portèrent à accomplir ce
grand acte de pacification religieuse, et les obstacles qu'il lui fallut écarter pour y parvenir. Il l'a
fait en ces termes, de la façon la plus lumineuse,
dans la journée du 16 août 1816, à Sainte-Hélène :

« Lorsque je saisis le timon des affaires, j'avais
» déjà des idées arrêtées sur tous les grands
» éléments qui cohésionnent la société ; *j'avais pesé*
» *toute l'importance* de la Religion ; j'étais persuadé
» et j'avais résolu de la rétablir. Mais on croirait
» difficilement les résistances que j'eus à vaincre
» pour ramener le catholicisme. On m'eût suivi
» bien plus volontiers si j'eusse arboré la bannière
» protestante ; c'est au point qu'au Conseil d'Etat,
» où j'eus grand'peine à faire adopter le Concordat,
» plusieurs ne se rendirent qu'en complotant d'y
» échapper. Eh bien ! se disaient-ils l'un l'autre,
» faisons-nous protestants, et cela ne nous regar-
» dera pas. Il est sûr qu'au milieu du désordre
» auquel je succédais, sur les ruines où je me
» trouvais placé, je pouvais choisir entre le catho-
» licisme et le protestantisme ; et il est vrai de dire

» encore que les dispositions du moment poussaient
» toutes à celui-ci. Mais, outre que je tenais à ma
» religion natale, j'avais les plus hauts motifs pour
» me décider.

» En proclamant le protestantisme qu'eussé-je
» obtenu? J'aurais créé en France deux grands
» partis à peu près égaux, lorsque je voulais qu'il
» n'y en eût plus du tout ; j'aurais ramené la fureur
» des querelles religieuses, lorsque les lumières
» du siècle et ma volonté avaient pour but de les
» faire disparaître tout à fait. Ces deux partis se
» déchirant eussent annihilé la France, et l'eussent
» rendue l'esclave de l'Europe, lorsque j'avais l'am-
» bition de l'en rendre la maîtresse. Avec le catho-
» licisme j'arrivais bien plus sûrement à tous mes
» grands résultats ; dans l'intérieur, chez nous, le
» grand nombre absorbait le petit, et je me pro-
» mettais de traiter celui-ci avec une telle égalité
» qu'il n'y aurait plus lieu à connaître la différence.
» Au dehors le catholicisme me conservait le
» Pape... »

Le Concordat, qui fut, au dire des historiens
politiques les plus renommés de notre temps, Thiers
en tête, un des actes les plus mémorables et les plus
heureux de Napoléon, avait été, on le voit, profondément et positivement raisonné par celui-ci. Il fut
accompagné, ce qui en démontra le vrai caractère,
au point de vue philosophique, de dispositions qui
organisèrent, pour ainsi dire parallèlement, les
conditions d'existence et d'exercice des cultes protestants. La loi du 10 germinal an X (8 avril 1802),
rendue par le Corps législatif, après le célèbre exposé
de Portalis, tout en sanctionnant le Concordat

catholique, stipula en même temps de libérales garanties en faveur du protestantisme sous ses deux formes, la luthérienne et la calviniste. Plus tard, sous l'Empire, et par suite du même esprit de tolérance religieuse et de respect pour la liberté de conscience, le culte israélite fut organisé par des décrets du 17 mars et 11 décembre 1808.

Napoléon s'est toujours fait un titre de gloire d'avoir contracté le Concordat. Il ne changea jamais d'avis à cet égard, quoi qu'en aient pu dire des écrivains mal informés ou mal intentionnés. Deux documents, l'un qui date du Consulat, l'autre qui nous est venu de Sainte-Hélène, mettent en parfaite évidence la manière de penser du grand Souverain sur cet acte si important, pour lui capital, de son gouvernement.

Le 16 germinal an X (6 avril 1802) une députation du Corps législatif étant venue féliciter le premier Consul de la conclusion du traité d'Amiens, il lui fit cette réponse :

« Votre session commence par l'opération la plus
» importante de toutes, celle qui a pour but l'apai-
» sement des querelles religieuses. La France
» entière sollicite la fin de ces déplorables querelles
» et le rétablissement des autels. J'espère que dans
» votre vote vous serez unanimes comme elle. La
» France verra avec une vive joie que ses légis-
» lateurs ont voté la paix des consciences, la paix
» des familles, cent fois plus importante pour le
» bonheur des peuples que celle à l'occasion de
» laquelle vous venez de féliciter le gouvernement. »

Un prélat, qui fut un de ses courtisans et qui, lui tombé, devint un de ses détracteurs, écrivit

dans un ouvrage intitulé *Les Quatre Concordats,*
que dans les dernières années de son règne, au
cours de ses difficultés avec la Papauté, l'Empereur avait regretté d'avoir fait le pacte catholique
de 1801. Ce livre, œuvre de l'abbé de Pradt, lui
étant parvenu à Sainte-Hélène, il y fit des anno-
tations. En voici une :

« Le Concordat de 1801 était nécessaire à la
» Religion, à la République, au Gouvernement.
» Les temples étaient fermés, les prêtres étaient
» persécutés ; ils étaient divisés en trois sectes :
» celle des contitutionnels, celle des vicaires apos-
» toliques, celle des évêques émigrés à la solde de
» l'Angleterre. Le Concordat mit fin à toutes ces
» divisions et fit sortir de ses ruines l'Eglise catho-
» lique, apostolique et romaine. Napoléon releva
« les autels, il fit cesser les discordes et prescrivit
» aux fidèles de prier pour la République. Il dissipa
» tous les scrupules des acquéreurs de domaines
» religieux. » (1)

M. Guénebault veut absolument que Napoléon Ier
n'ait pas été « le restaurateur de la Religion », il

(1) *Commentaires de Napoléon Ier*, t. V[e]. (Six notes sur
l'ouvrage intitulé *Les Quatre Concordats,* dont l'auteur est
l'abbé de Pradt, archevêque de Malines.)
L'article du Concordat auquel se rapporte la dernière phrase
de la citation est le treizième, ainsi conçu : « Sa Sainteté,
» pour le bien de la prière et l'heureux rétablissement de la
» religion catholique, déclare que ni Elle ni ses successeurs
» ne troubleront en aucune manière les possesseurs des
» biens ecclésiastiques aliénés, et qu'en conséquence la pro-
» priété de ces mêmes biens, les droits et revenus y atta-
» chés demeureront incommutables entre leurs mains ou
» celles de leurs ayant-cause. »

prétend que c'est là une complaisante « légende »
inventée et propagée par « la crédule naïveté des
honnêtes gens. »

Il est fâcheux pour son opinion et pour son dire,
mais très heureux pour la vérité, que je puisse lui
opposer deux témoignages qui établissent d'une
façon irréfragable le contraire de ce qu'il prétend.
J'aime à espérer qu'il se rendra à l'évidence, lorsque
je lui aurai dit qu'ils émanent du cardinal Caprara
et de Sa Sainteté Pie VII.

Le cardinal Caprara, nommé en 1801 légat
a latere près du gouvernement de la République
française, autrement dit du premier Consul, conclut
avec celui-ci le Concordat, et comme tel il fut appelé
par le Pape à ratifier cette grande transaction.
Dans la bulle qu'il publia à cette fin à l'adresse du
peuple français, se trouve le passage suivant :

« La Religion semblait presque anéantie aux yeux
» de tout le monde ; elle renaît merveilleusement,
» soutenue par les lois et protégée par l'autorité
» supérieure du gouvernement. Le premier Consul
» de votre République, *à qui vous devez principa-*
» *lement un si grand bienfait,* qui a été destiné
» pour rendre à la France affligée et l'ordre et la
» tranquillité, devenu, comme le grand Constantin,
» *le protecteur de la Religion, laissera de lui,*
» *dans les monuments de l'Eglise, un éternel et*
» *glorieux souvenir.* »

Plusieurs années après, alors que Napoléon était
le prisonnier de la Sainte-Alliance, le Saint-Père,
oubliant les griefs pour ne se souvenir que des
bienfaits, écrivait ce qui suit, le 16 octobre 1817, à
l'un de ses cardinaux, Gonzalvi, probablement :

« La famille de l'empereur Napoléon nous a fait
» connaître, par le cardinal Fesch, que le rocher
» de Sainte-Hélène est mortel, et que le pauvre
» exilé se voit dépérir à chaque minute.

» Nous avons appris cette nouvelle avec une
» peine infinie, et vous la partagerez, sans aucun
» doute, car nous nous souvenons tous les deux
» *qu'après Dieu, c'est à lui principalement qu'est*
» *dû le rétablissement de la Religion dans ce grand*
» *royaume de France.* La pieuse et courageuse
» initiative de 1801, nous a fait oublier depuis
» longtemps les torts subséquents. Savone et Fon-
» tainebleau ne sont que des erreurs de l'esprit et
» de l'ambition humaine. *Le Concordat fut un acte*
» *héroïquement sauveur.* »

Sur cette parole décisive, je crois pouvoir, en
toute sûreté de conscience, laisser là M. Guénebault
et sa légende. Je l'attends à la dénonciation du
Concordat napoléonien, que réclament et poursuivent en ce moment les républicains libres-penseurs.
Nous verrons ce qu'il dira de l'Eglise non libre
dans la République librement intolérante.

Cet écrivain difficultueux ne veut pas non plus
que Napoléon ait été, selon son expression, « le
dompteur de la Révolution ». Ceux qui le disent et
le croient sont des naïfs ; non seulement il ne joua
pas « ce rôle », mais « il se fit le continuateur de
» la Révolution, il maintint toutes les confiscations,
» toutes les spoliations dont elle s'était rendue
» coupable, et il conserva tous les principes de la
» *secte* (maçonnique) comme base des institutions
» et des lois de son gouvernement. »

Il faut bien, quoique ce soit pour moi une

besogne fort insipide, que je rétablisse la vérité si maltraitée dans ces quelques lignes.

Avant d'examiner si Napoléon Ier dompta ou ne dompta pas la Révolution, il est nécessaire de savoir comment il appréciait et jugeait cette même Révolution. Le comte de Las Cases nous a conservé de lui sur cette question un bien précieux écrit, dans lequel il a condensé en quelques chapitres l'histoire de la Révolution et la sienne propre. Dans un de ces chapitres, le troisième, il établit que « la Révolution a fait une France nouvelle, » qu'elle a créé de nouveaux intérêts et un nouvel » ordre de choses conforme au bien du peuple, à » ses droits, à la justice, aux lumières du siècle. » Ce morceau mériterait d'être cité tout entier ; je me vois forcé de n'en donner que des extraits :

« ... La Révolution a été un mouvement général » de la masse de la nation contre les privilégiés. » La noblesse française, comme celle de toute » l'Europe, date de l'invasion des Barbares qui se » partagèrent l'empire romain... Le règne féodal » qui s'introduisit établit le principe que toute terre » avait un seigneur. Tous les droits politiques » furent exercés par les prêtres et les nobles ; les » paysans furent esclaves, partie attachés à la » glèbe. La marche de la civilisation affranchit le » peuple. Ce nouvel état de choses fit prospérer » l'industrie et le commerce. La majeure partie des » terres, des richesses et des lumières était le partage » du peuple dans le XVIIIᵉ siècle. Les nobles cepen- » dant étaient encore une classe privilégiée ; ils » conservaient encore la haute et moyenne justice, » avaient des droits féodaux sous un grand nombre

» de dénominations et de formes diverses, jouis-
» saient du privilège de ne supporter aucune charge
» de la société, de posséder exclusivement les
» emplois les plus honorables. Tous ces abus exci-
» taient les réclamations des citoyens. La Révolu-
» tion eut pour but principal de détruire tous les
» privilèges ; d'abolir les justices seigneuriales, la
» justice étant un inséparable attribut de l'autorité
» souveraine ; de supprimer les droits féodaux
» comme un reste de l'ancien esclavage du peuple ;
» de soumettre également tous les citoyens et toutes
» les propriétés, sans distinction, aux charges de
» l'Etat ; enfin elle proclama l'égalité des droits.
» Tous les citoyens purent parvenir à tous les
» emplois, selon leurs talents et les chances de la
» fortune...

» ... La France n'était pas un Etat ; c'était la
» réunion de plusieurs Etats placés à côté les uns
» des autres sans amalgame... La Révolution,
» guidée par le principe de l'égalité, soit entre les
» citoyens, soit entre les diverses parties du terri-
» toire, détruisit toutes ces petites nations et en
» forma une nouvelle... Il y eut une France...
» même organisation judiciaire, même organisation
» administrative, mêmes lois civiles, mêmes lois
» criminelles, même organisation d'impositions.
» *Le rêve des gens de biens de tous les siècles se*
» *trouva réalisé...*

» ... Tout ce qui était le résultat des événements
» qui s'étaient succédé depuis Clovis cessa d'être.

» Tous ces changements étaient si avantageux
» au peuple qu'ils s'opérèrent avec la plus grande
» facilité, et qu'en 1800, il ne restait plus aucun

» souvenir ni des anciens privilèges des provinces,
» ni de leurs anciens souverains, ni des anciens
» parlements et baillages, ni des anciens diocèses...
» La moitié du territoire avait changé de proprié-
» taires; les paysans et les bourgeois s'étaient enri-
» chis... La France présenta le spectacle de plus
» de trente millions d'habitants, circonscrits dans
» des limites naturelles, ne composant qu'une seule
» classe de citoyens gouvernés par une seule loi,
» un seul règlement, un seul ordre. *Tous ces*
» *changements étaient conformes au bien de la*
» *nation à ses droits, à la justice et aux lumières*
» *du siècle.* »

Il ne me paraît pas possible de donner de la
Révolution française, considérée dans ses principes
et jugée dans ses effets, une plus noble, une plus
saisissante, et en même temps une plus exacte et
véridique idée. Si, en définitive, la Révolution
devint ce que Napoléon dit qu'elle fut et qu'elle est,
c'est à lui seul, à son génie, à son patriotisme, à
son initiative et à son succès que nous le devons.
En faisant le coup d'Etat du 18 Brumaire contre ce
qui depuis plusieurs années était la mauvaise, la
fausse Révolution, il dégagea la bonne, celle des
principes de 1789, des étreintes de la mauvaise, qui
était celle des partis et des factions. L'Assemblée
constituante, toute respectable qu'elle soit à certains égards, l'Assemblée législative, la Convention,
le Directoire, n'avaient été que des gouvernements
et des régimes dont l'anarchie faisait le fond, et
avec lesquels tout tournait aux déchirements entre
les citoyens, aux violences contre les hommes et
contre les choses. Si la Convention avait gouverné

avec le tribunal révolutionnaire et la guillotine, le
Directoire avait gouverné par la proscription. Le
18 fructidor avait été, dans un genre différent, un
31 mai ; comme la Convention, les Conseils avaient
eu recours aux lois révolutionnaires les plus
extrêmes et les plus cruelles. Sous le Directoire,
l'anniversaire de la mort de Louis XVI était con-
sidéré et fêté comme une fête nationale.

On ne sait quand et comment l'ère de la violence
et de la lutte des partis se serait close lorsque le
général Bonaparte, s'inspirant de l'intérêt général
et de l'opinion publique qui voulait et réclamait la
tranquillité et la fin de l'anarchie, fit le 18 Brumaire.
Cet acte mémorable et béni fut une délivrance,
comme je l'ai dit déjà. L'ordre, depuis tant d'années
exilé, revint et régna, pour le bien de tous, sous les
auspices de l'autorité. La bonne, la vraie Révolution
triompha de la mauvaise dont on ne devait plus
entendre parler pendant de longues années. Fixée
à ses vrais principes, elle put être considérée
comme finie, du moins socialement (1).

Il est difficile, après un laps de plus de quatre-vingts
ans, de se faire une juste idée de la situation où se
trouvaient la France et la société lorsque le général
Bonaparte se fit le champion de la Révolution
comme il l'entendait et comme elle devait être
entendue. Cette Révolution, entraînée dès son
début, faute de direction intelligente et résolue,
avait dérivé de ses principes et avait passé par des

(1) La Révolution est fixée aux principes qui l'ont commencée ; elle est finie. (Dernière phrase du préambule de la
Constitution du 24 frimaire an VIII — 21 décembre 1799.)

péripéties épouvantables; elle avait vu, ballottée
qu'elle était par d'incessants orages, s'accomplir
ou mieux se perpétuer des violences et des forfaits
inouïs; des flots de sang avaient été répandus sans
pitié au nom de la liberté et de la fraternité. Le sol
de la patrie en était saturé. La guerre civile, une
guerre implacable autant que longue, avait désolé
le pays dans ses parties occidentales et méridio-
nales, et semé partout où elle avait sévi des ruines
et des ressentiments sauvages. La France était
devenue une arène où toutes les mauvaises passions
se heurtaient dans un désordre féroce. Le trouble,
un trouble profond, était partout dans notre malheureux pays avec une discorde déchaînée, et aussi
avec la haine et la misère.

Cette révolution, qui n'avait rien de commun
avec la bonne, avec celle que la grande majorité de
la nation, la majorité des cahiers, cette révolution
détestable, affreuse, Napoléon, par le fait du
18 Brumaire, l'arrêta tout court, la réfréna, la
dompta. S'élevant, se dressant au-dessus des flots
de l'anarchie, il fit entendre, comme le dieu du
poëte, un *quos ego* qui épouvanta les factieux, les
sanguinaires qui, par leurs excès, avaient ensan-
glanté et maculé la Révolution, et ils rentrèrent
avec leurs passions et leurs doctrines démagogiques,
sinon dans le néant, du moins dans l'ombre, si
bien qu'on n'en parla plus. Ce fut comme un
coup de théâtre. La paix intérieure et sociale se
rétablit presque en un instant avec une promptitude
et une solidité merveilleuses. Aussi est-ce avec
raison que l'auteur de cette grande et générale
pacification put dire, longtemps après, en se repor-

tant à cette glorieuse époque, la plus belle de sa vie : « J'ai refermé le gouffre anarchique ; j'ai
» débrouillé le cahos et j'ai *dessouillé* la Révolu-
» tion. » Les plaies qu'elle avait faites, Napoléon les pansa et les cicatrisa autant qu'il fut en lui ; les horreurs dont elle avait été, non pas précisément la cause, mais l'occasion, il se donna la mission d'en effacer les traces et d'en faire oublier le souvenir. Laissons-lui la parole pour se rendre à lui-même le témoignage de ce qu'il fit à cet égard :

« Les plaies que la Révolution a faites, l'Empe-
» reur les a cicatrisées. Tous les émigrés rentrèrent,
» et cette liste de proscription fut anéantie. Ce
» prince eut la gloire la plus douce, celle de rappe-
» ler ainsi dans leur patrie et de réorganiser plus
» de vingt mille familles ; leurs biens non vendus
» leur furent rendus ; et, passant entièrement
» l'éponge sur le passé, les individus de toutes
» les classes, qu'elle qu'eût été leur conduite,
» furent également appelés à tous les emplois.
» Les familles qui devaient leur illustration aux
» services qu'elles avaient rendus aux Bourbons,
» celles qui leur avaient été les plus dévouées,
» occupèrent des places à la cour, dans les admi-
» nistration et dans l'armée. On avait oublié toutes
» dénominations ; il n'y avait plus d'aristocrates,
» de jacobins ; et l'établissement de la Légion
» d'honneur qui fut la récompense des services
» militaires, civils et judiciaires, réunit à côté
» l'un de l'autre le soldat, le savant, l'artiste, le
» prélat et le magistrat : c'était comme le signe de
» réunion de tous les états, de tous les partis. »

Pour se rendre un juste compte de ce que le

18 Brumaire, personnifié dans son auteur, produisit d'heureux dès le début, avant même la Constitution de l'an VIII, ratifiée par le peuple le 13 décembre 1799 et proclamée le 29 du même mois, c'est-à-dire dans l'espace de quarante-trois jours, il faudrait entrer dans des détails qui me mèneraient trop loin. Je ne suis d'ailleurs pas tenté d'oser refaire ce qui a été fait si bien par Napoléon lui-même dans celle de ses dictées intitulée *Consuls provisoires,* laquelle suit dans ses œuvres celle du *Dix-Huit Brumaire* (1).

Je me bornerai à dire que par la main de l'homme dont M. Guénebault n'a pas craint de faire un *révolutionnaire* et un *jacobin,* un *Brutus sansculotte,* toutes les affreuses lois de l'ère révolutionnaire, aussi bien celles de la Convention remises en vigueur par le Directoire après le 18 fructidor, que celles rendues par le Directoire lui-même, notamment l'atroce loi dite des otages, furent complètement abolies. Lorsque le général Bonaparte devint le *maître,* selon le mot de Sieyès, et ce fut le lendemain du 18 Brumaire (2), on ne comptait pas moins de *cent vingt-six mille* personnes inscrites sur les listes des émigrés, de tout âge, de tout sexe, et j'ajoute de toutes conditions. Si la

(1) *Commentaires de Napoléon Ier,* tome IVe, édition de l'imprimerie Impériale.

(2) Après la première séance que tinrent les trois consuls (Sieyès, Roger Ducos, Bonaparte), pour délibérer au palais du Luxembourg autour d'une modeste table en bois, le 11 novembre 1799, Sieyès dit le soir à ses amis : « Nous avons un maître qui sait tout faire, qui peut tout faire, et qui veut tout faire. »

première émigration, la blâmable, celle qui commença à partir de la prise de la Bastille, c'est-à-dire dès 1789, n'avait guère fait sortir de France que vingt-cinq à trente mille nobles, la Terreur qui ne finit pas, comme on le croit après le 9 Thermidor, mais qui se prolongea à certains égards sous le Directoire, notamment après le 18 fructidor, avait chassé de leurs foyers, où la mort et l'emprisonnement pouvaient venir instantanément les chercher, des milliers de citoyens appartenant à toutes les classes sociales.

Voici quels éléments entraient dans cette liste : huit mille nobles militaires, seize mille nobles non militaires, deux mille marins nobles, neuf mille femmes nobles, vingt-quatre mille prêtres, quatre mille quatre cent vingt-huit religieuses, quatre cents anciens membres des parlements, deux mille huit cent soixante-sept avocats ou hommes de loi, deux cent trente banquiers, sept mille huit cents négociants, trois cent vingt-quatre notaires, cinq cent vingt-huit médecins, cinq cent quarante chirurgiens, neuf mille quarante propriétaires, trois mille deux cent soixante laboureurs ou cultivateurs, vingt-deux mille sept cent vingt-neuf artisans, trois mille femmes d'artisans, deux mille huit cents domestiques, trois mille quatre-vingt-trois enfants des deux sexes !!!

« Dans le mois de son entrée au pouvoir, le
» 26 décembre 1799, dit un historien, Napoléon
» Bonaparte fit fermer les listes des émigrés ; le
» 2 mars 1800 il fit radier de ces listes les membres
» de la Constituante qui avaient voté l'abolition des
» privilèges, et peu à peu, bienveillant aux citoyens

» paisibles, inexorable aux conspirateurs et aux
» brouillons, il ouvrit les portes de la France à
» tous ceux qui, soumis aux lois, acceptant les
» institutions nouvelles, se montrèrent résolus à se
» contenter de jouir des garanties et des sécurités
» communes. » (1)

Aux yeux et au sens de M. Guénebault, cette
façon de réparer les violences de la Révolution et
d'en cicatriser les plaies n'a point de réelle importance. Il n'y fait pas la moindre allusion; il n'en
tient nul compte et n'en fait aucun mérite à
Napoléon, ou mieux à Bonaparte. Il lui reproche
« d'avoir maintenu toutes les confiscations, toutes
» les spoliations dont la Révolution s'était rendue
» coupable. »

Il est fâcheux qu'il ne nous ait pas fait connaître
de quelles confiscations et de quelles spoliations il
veut parler. Il eut dû se montrer moins mystérieux.

Veut-il parler des biens du clergé, des ordres
monastiques, y compris l'Ordre de Saint-Jean de
Jérusalem ou de Malte? S'il en est ainsi je lui
réponds que ces biens avaient été mis, sur la proposition d'un évêque (Talleyrand), à la *disposition
de l'État* par une loi de l'Assemblée nationale
constituante, en date du 2 novembre 1789, que
Louis XVI sanctionna. Napoléon pouvait-il, onze
ans après que cette loi avait été rendue et que les
biens du clergé étaient devenus par leur vente
successive des propriétés particulières et qu'ils
étaient passés en des milliers de mains, les re-

(1) A. Granier de Cassagnac, *Le principe de l'Empire*,
précédemment cité.

mettre dans leur état primitif? L'eût-il voulu qu'il n'eût pu le faire. C'eût été ameuter et soulever contre lui les partisans intéressés de la Révolution, ceux qui en avaient bénéficié le plus directement et le plus effectivement. La loi du 2 novembre stipulait qu'en compensation des biens dont l'Etat s'appropriait, ainsi d'ailleurs que cela s'était vu déjà sous l'ancienne monarchie, il assurerait des moyens d'existence à tous les ecclésiastiques. Napoléon fit de cette stipulation une des conditions et des oblitions du Concordat (1). En attendant il fit accorder des pensions à tous les ecclésiastiques, séculiers et réguliers, ainsi qu'aux chevaliers de Malte dont l'Ordre avait été supprimé comme tous les autres (2). Il ne pouvait vraiment pas faire davantage.

S'il s'agit, dans la pensée de M. Guénebault, des confiscations qui furent la suite de l'émigration et de l'exécution des lois de la Convention qui mirent les biens des émigrés entre les mains de l'Etat et en amenèrent la vente, je ne vois pas trop comment

----

(1) Article 14 : « Le gouvernement (français) assurera un » traitement convenable aux évêques et aux curés dont les » diocèses et les cures seront compris dans la circons- » cription nouvelle. »

(2) Le général Bonaparte fit un premier acte de justice envers les malheureux chevaliers de Malte, auxquels on avait promis, en prenant leur ile, de ne pas traiter en France, comme émigrés, ceux d'entre eux qui appartenaient à la *langue française.* Ils n'avaient pu jusqu'ici jouir de cette condition de leur capitulation, ni sous le rapport de leurs personnes, ni sous le rapport de leurs biens. Le général Bonaparte leur fit rendre tout entier le bénéfice de cette capitulation. (Thiers, *Histoire du Consulat et de l'Empire,* livre 1er.)

il eût été possible à Napoléon de les abolir et d'en détruire l'effet. Il ne put que faire rentrer les ex-émigrés dans la propriété de ceux de leurs biens qui n'avaient pas été vendus; c'est ce qu'avait fait la Constituante à l'égard des familles des protestants expatriés depuis la révocation de l'édit de Nantes; elle ne leur rendit que ceux de leurs biens qui n'avaient pas été vendus.

J'aime à croire qu'il ne range pas dans les spoliations que Napoléon aurait maintenues les droits féodaux abandonnés, sacrifiés par ceux-là même, clergé et noblesse, qui en étaient investis et en percevaient les produits ou privilèges, et qu'une loi, sanctionnée par le Roi, abolit après la nuit du 4 août 1789.

Dans le cas où M. Guénebault comprendrait, parmi les spoliations de la Révolution maintenues par Napoléon, la souveraineté et la couronne dont elle dépouilla la Maison de Bourbon, je répondrais ce que Napoléon dit lui-même à MM. Hyde de Neuville et d'Andigné, délégués de la Vendée et de la chouannerie royaliste auprès de lui pour traiter des conditions d'une pacification : « qu'il ne fallait » pas songer à rétablir le trône des Bourbons en » France; qu'ils n'y pourraient arriver qu'en mar- » chant sur cinq cents mille cadavres; que son » intention était d'oublier le passé et de recevoir la » soumission de tous ceux qui voudraient marcher » dans le sens de la nation... » (1) A cette époque, a dit justement Thiers, « cet homme extraordinaire,

_____

(1) *Commentaires de Napoléon Ier*, dictée intitulée *Consuls provisoires*, tome IV.

» sentant sa force et sa grandeur, ne voulait être
» le serviteur d'aucun parti. S'il n'aimait pas le
» désordre, il aimait la Révolution ; s'il ne croyait
» pas à toute l'étendue de la liberté promise, il
» voulait tout entière cette réforme sociale qu'elle
» avait pour but d'accomplir. Il désirait donc le
» triomphe de cette révolution, il désirait la gloire
» de la terminer et la faire aboutir à un état de
» choses paisible et régulier ; il désirait en rester
» le chef sous n'importe quel titre, avec n'importe
» quelle forme de gouvernement... » (1) La Révolution avait tué l'ancien régime. Ce n'était pas à
Napoléon à le rétablir.

Il ne s'est jamais trouvé dans l'histoire un homme
d'État, même l'empereur Auguste, qui ait apporté,
comme Napoléon, dans le gouvernement un plus
grand et sincère désir de faire régner la concorde
entre les citoyens, de les réconcilier, de les *réunir,*
selon son expression. Il travailla avec un zèle et un
dévouement constants, persévérants, à cette œuvre
patriotique. Réconcilier, fusionner les intérêts et
les personnes fut sa grande, sa constante préoccu-
pation sous le Consulat et sous l'Empire. On peut
dire que ce fut sa passion civile; ce sera son
honneur dans la postérité. Ce grand homme de
guerre fut socialement un admirable pacificateur.
Il n'avait point, au pouvoir, les préjugés de son
temps; dévoué à la Révolution et à ses principes,
qu'il ne renia jamais et qu'il appelait de *grandes
vérités,* il n'avait point ces préventions violentes
contre les hommes et les choses de l'ancien régime

(1) Thiers, même ouvrage et même livre.

qui régnaient de son temps. S'il était de ce temps, il était aussi de tous les autres. Il appréciait l'œuvre historique et civilisatrice de la Royauté, et il estimait que ses gloires appartenaient au patrimoine national; s'il la blâmait de n'avoir pas su prévenir la Révolution, il s'apitoyait sur le sort de son dernier représentant. Il l'avait témoigné, comme je l'ai rappelé, en désapprouvant l'horrible fête commémorative du 21 janvier; il le prouva en la faisant abolir alors qu'il n'était encore que Consul provisoire. Hélas! il ne trouva pas dans les frères de Louis XVI la même générosité.

Qu'on consulte l'*Almanach Impérial*, on y verra des représentants des plus illustres noms de l'aristocratie de l'ancien régime confondus dans les services de la cour, comme dans les conseils, dans les administrations, dans l'armée, avec les représentants de la Révolution, de la bourgeoisie, du peuple. Tout le système de fusion et d'impartialité de Napoléon se manifeste de la façon la plus claire et la plus pratique dans les documents officiels.

« Il estimait, a dit un historien d'opinions répu-
» blicaines, que la Révolution avait fait une France
» nouvelle, et que le 18 Brumaire avait été la
» clôture définitive de la Révolution. Il n'y avait
» donc plus à tenir compte des anciennes divisions
» ni des anciens partis. Aussi son grand principe
» de politique intérieure était la fusion, c'est-à-dire
» l'oubli du passé. Aux royalistes, il voulait faire
» oublier les Bourbons; aux patriotes, la Révolu-
» tion; aux républicains, l'émigration; aux émigrés,
» la Terreur; à tous leurs mutuelles divisions pour

» concourir, avec lui, à la gloire et à la prospérité
» de la France... » (1)

Ainsi, a dit un autre historien, Napoléon « fit du
» passé et du présent de la société française un
» seul et même développement de la civilisation
» modifiée par le travail des générations succes-
» sives, et dans lequel l'égalité civile et la souve-
» raineté nationale avaient irrévocablement pris,
» en 1789, la place des privilèges et de la légitimité
» monarchique, comme les franchises communales
» avaient pris, dès le XIIIᵉ siècle, la place de la
» féodalité. » (2)

« On peut ajouter, avec un troisième, que ... at en
» adoptant et faisant siens les principes de la
» Révolution, il releva de l'ancienne soc ... tout
» ce qui put être relevé, et renoua la chaîne ...inter-
» rompue des traditions. » (3)

Un écrivain qui, après l'avoir chanté dans sa
jeunesse, Edgar Quinet, tout républicain qu'il fût
devenu, cédant à la force de la vérité, a dit de
Napoléon :

« Ce qui servit à lui conserver le cœur des
» masses, c'est qu'il ne connut pas la distinction
» impie de la bourgeoisie et du peuple. Jamais
» l'idée ne lui vint de partager le pays en riches et
» en pauvres. Il fit de tous les enfants de la France
» une seule masse. A Marengo, à Austerlitz, à
» Iéna y avait-il des bourgeois et des prolétaires?

(1) *Histoire de Napoléon*, par Elias Regnault.

(2) *Le principe de l'Empire*, par A. Granier de Cassagnac.

(3) Article *Napoléon*, dans la *Biographie universelle* des
frères Didot, par Rapetti.

» Non ; il y avait des hommes qui, tous ensemble,
» ont conquis pour eux et leurs descendants le droit
» de cité. »

Guizot, dans un livre où il traite *de la Démocratie
en France,* a dit :

« Napoléon a rallié les anciennes classes domi-
» nantes, les nouvelles classes prépondérantes ; et
» soit par la sécurité qu'il leur procurait, soit par
» le mouvement où il les entraînait, soit par le
» joug qu'il leur imposait, il a rétabli et maintenu
» entre elles la paix. »

Par sa volonté, sous son impulsion et aussi par
sa collaboration directe et personnelle, Napoléon
dota la France de la Révolution, la France de
l'égalité civile, d'une législation en parfait rapport,
en étroite conformité avec ses besoins et ses intérêts comme avec sa situation morale et sociale.
Les Codes, surtout le civil, présentent en termes
aussi clairs que précis, et d'une application facile,
l'ensemble principal des règles qui constituent le
droit moderne, tel que l'ont fait l'expérience du
passé, les lumières du siècle, le développement de la
civilisation et la démocratisation de l'ordre social.
L'œuvre napoléonienne n'est point, comme l'œuvre
de Justinien, une compilation, un recueil des actes
de la législation romaine antérieure au vıᵉ siècle.
C'est la condensation, l'amalgame raisonné de tout
ce qu'il y avait d'essentiel et d'applicable, de vivant,
si je puis ainsi dire, dans les lois romaines, dans le
droit coutumier, dans les ordonnances de nos rois
des xvıᵉ et xvııᵉ siècles, et dans les décrets des
assemblées de la Révolution.

Justinien n'eut, dans la confection du code qui

porte son nom et du *Corpus juris civilis*, que le
mérite, et il est grand, d'en avoir conçu l'idée et
d'en avoir poursuivi la réalisation. Le soin de cette
réalisation fut confié par lui à un conseil ou commission de jurisconsultes que présidait et dirigeait
l'illustre Tribonien. Napoléon fit plus et mieux :
il se constitua le collaborateur de son œuvre. Je
dirais, si ce n'était si vulgaire, qu'il mit la main à
la pâte. Comment et dans quelle mesure le fit-il?
C'est ce que Thiers nous apprend en ces quelques
lignes :

« Napoléon n'avait que l'instruction qu'il est
» possible de recevoir dans une bonne école mili-
» taire; mais il était né au milieu des vérités
» de 1789... Se faisant chaque jour instruire par
» MM. Portalis, Cambacérès, et surtout Tronchet,
» de la matière qu'on devait traiter le lendemain
» au Conseil d'Etat, il y pensait vingt-quatre heures,
» écoutait ensuite la discussion, puis, avec un sou-
» verain bon sens, fixait exactement le point où il
» fallait s'arrêter entre l'ordre ancien et l'ordre
» nouveau, et de plus, avec sa puissance d'appli-
» cation, forçait tout le monde à travailler. Il con-
» tribua ainsi de deux manières décisives à la
» confection de nos Codes, en déterminant le degré
» de l'innovation et en poussant l'œuvre à terme.
» Plusieurs fois avant lui on avait entrepris cette
» œuvre, et chaque fois, cédant au vent du jour, on
» s'était livré à ces exagérations dont bientôt on
» avait honte et regret, après quoi l'œuvre avait
» été abandonnée. Napoléon prit ce vaisseau échoué
» sur la rive, le mit à flot et le poussa au port.
» C'est assurément, pour un jeune militaire, une

» belle et pure gloire que d'avoir mérité d'attacher
» son nom à l'organisation civile de la société
» moderne... Le Code civil est la meilleure forme
» de l'état social. » (1)

Doter la France de la paix civile et sociale par
les mesures qui ramenèrent dans son sein les
émigrés de toutes catégories, même ceux qui
avaient porté les armes contre leur pays; fusionner
toutes les classes en confondant toutes les opinions
et tous les intérêts, en les plaçant sous une égale
protection, en leur donnant d'égales garanties;
rétablir la paix religieuse par le Concordat et la
libérale organisation des autres cultes; donner à la
société française, telle que la Révolution l'avait
faite, des codes qui en assuraient et en réglaient
l'ordre général et particulier, voilà, certes, de réels,
d'immenses bienfaits. Ce fut Napoléon, Premier
Consul et Empereur, qui les conçut et qui les
enfanta.

Ce n'était pas tout; il fallait maintenir et faire
vivre tout cela par l'organisation d'un ensemble
administratif qui fût à la fois vigoureux, intelligent
et stable. Il y réussit en créant une administration
toujours vivante, aussi parfaite que peuvent l'être
les œuvres humaines. Ce qu'il fit à cet égard est si
bien conçu, si bien agencé, et peut si facilement
s'adapter aux mœurs et aux besoins de tous les
peuples, qu'on a pu dire de lui à ce propos :
« Napoléon a créé l'administration moderne. »

Pas plus que pour ses Codes il n'avait inventé le

(1) *Histoire du Consulat et de l'Empire*, tome XX, livre
soixante-deuxième.

droit, pas plus il n'inventa l'administration. Mais il
la fit et la constitua à nouveau en choisissant le
vrai, le pratique, çà et là, dans le passé administratif de la Monarchie de Richelieu, de Louis XIV,
de Colbert, et dans les ébauches de l'Assemblée
Constituante, de la Convention et du Directoire.
A l'aide de ces éléments divers, liés, accordés
ensemble par son puissant et positif esprit, il sut
faire une machine dont tous les rouages mar-
chèrent au même but avec un ensemble et une
harmonie admirables. Grâce à Napoléon, « l'un
» des plus grands organisateurs qui aient paru
dans le monde », la France eut une administration
en parfait rapport avec les intérêts multiples et les
besoins divers de sa vie sociale, agricole, industrielle, commerciale, intellectuelle, religieuse, militaire, etc., telle que l'avaient faite la Révolution
et les principes de 1789. C'est incontestablement
lui qui fut « le véritable auteur de cette admi-
» nistration ferme, active, probe, qui fait de notre
» comptabilité la plus claire que l'on connaisse,
» de notre puissance la plus disponible qu'il y
» ait en Europe, et qui, lorsque sous l'influence
» des révolutions nos gouvernements délirent,
» seule ne délire pas, conduit sagement, invaria-
» blement les affaires courantes du pays, perçoit
» les impôts, les applique aux dépenses, lève
» les soldats, pourvoit aux dépenses des villes,
» des provinces, sans que rien périclite, maintient
» la France debout quand la tête de cette France
» chancelle, et donne l'idée d'un bâtiment mû par
» la puissance de la mécanique moderne, lequel,
» au milieu de la tempête, marcherait encore

» régulièrement avec un équipage inactif ou
» troublé. » (1)

Ce que dit là en quelques mots l'historien du
Consulat et de l'Empire a été exposé en détail, avec
une clarté parfaite, et preuves à l'appui, dans un
ouvrage spécial que M. Guénebault n'a certainement pas lu et qu'il eût mieux fait de lire que les
pamphlets et les sottes publications royalistes et
révolutionnaires qui, se joignant à ses préventions
de parti, lui ont donné de Napoléon, de ses actes et
de son rôle une opinion si hétéroclite, je pourrais
dire si burlesque. Cet ouvrage est intitulé : *Napoléon Ier, ses institutions civiles et administratives*;
il a pour auteur M. Amédée-Edmond Blanc. (2)

La France moderne, la société française telles
qu'elles existent et se comportent, relèvent de
Napoléon ; elles peuvent être et doivent être consi-
dérées comme une œuvre sienne. Je l'ai déjà dit
avec le grand catholique Louis Veuillot ; je le redis
avec un écrivain et un penseur républicain moins
connu qu'il ne mérite. Voici comment M. Destrem,
c'est son nom, établit et juge le rôle d'organisateur
social du Premier Consul et de l'Empereur :

« En acceptant le pouvoir mis dans ses mains
» par Sieyès et le suffrage universel, Napoléon
» Bonaparte assuma d'être l'organisateur du régime
» social qu'attendaient alors notre pays et notre
» siècle. Cette promesse, il la tint avec une
» rapidité d'exécution dont on ne trouve aucun

(1) *Histoire du Consulat et de l'Empire*, tome XX, livre
soixante-deuxième et dernier (Sainte-Hélène).

(2) Paris, 1880, Plon et Cie, 1 vol. in-8o.

» exemple analogue. En dix ans, de 1800 à 1810,
» il a organisé :

» La famille, selon le Code civil; la propriété
» mobilière et immobilière, selon le même Code
» civil; la commune, le département; la justice
» civile et criminelle; le système financier, le
» système commercial, le système industriel; le
» système religieux, le système enseignant; le sys-
» tème militaire; le système des travaux publics;
» en un mot, notre régime social tout entier, sauf
» le couronnement politique qui a été remanié
» plusieurs fois depuis sans avoir pu trouver encore
» son assiette définitive.

» Cet ensemble organique a été si puissant dans
» ses bases, si coordonné dans ses éléments, que,
» malgré les vicissitudes historiques du siècle
» présent, aucun esprit, en dehors de quelques
» écoles aux investigations transcendantes, n'a
» encore conçu la pensée d'imaginer un autre
» ensemble d'institutions, une autre société que la
» société moulée par Napoléon Ier au commence-
» ment de ce siècle.

» Sans doute il a eu dans cette œuvre des colla-
» borateurs pour chaque spécialité. Sans doute
» aussi ces coopérateurs n'ont pas été guidés par
» leurs seules lumières personnelles; et les travaux
» des grands penseurs de tout le xviiie siècle, même
» aussi certains précédents de l'ancienne monar-
» chie ont éclairé leurs propres travaux Seulement
» il est certain que sans un centre supérieur les
» réunissant, les mettant en marche, coordonnant
» leur action, échauffant leurs intelligences, apla-
» nissant devant eux tous les obstacles, ces coopé-

» rateurs, cantonnés chacun dans sa spécialité,
» n'auraient rien fait de collectif, rien qui fût un,
» rien qui aboutît, si même ils eussent songé à
» faire quelque chose. La politique philosophique,
» dans son inébranlable équité, doit donc recon-
» naître en Napoléon Bonaparte le pivot actif de la
» réorganisation sociale qui a ouvert le xixᵉ siècle,
» et le véritable créateur de la société actuelle. » (1)

M. H. Taine pense de même, car il a dit, parlant
de la France contemporaine : « En 1808, tous ces
» grands traits sont arrêtés et définitifs : départe-
» ments, arrondissements, cantons et communes,
» rien n'a changé depuis lors dans les divisions :
» Concordat, Codes, tribunaux, Université, Institut,
» préfets, Conseil d'Etat, impôts, percepteurs, cour
» des Comptes, administration uniforme et centra-
» lisée, ses principaux organes sont toujours les
» mêmes. Noblesse, bourgeoisie, ouvriers, paysans,
» chaque classe a dès lors la situation, les intérêts,
» les sentiments que nous lui voyons aujourd'hui...
» Autour d'elle, les autres nations, les unes pré-
» coces, les autres tardives, toutes avec des ména-
» gements plus grands, quelques-unes avec un
» succès meilleur, opèrent de même la transforma-
» tion qui les fait passer de l'état féodal à l'état
» moderne... » (2)

Telle fut et telle reste l'œuvre de Napoléon. Elle n'a
pas l'heur de plaire à M. Guénebault. Il la trouve

(1) *La future Constitution de la France*, ou *Les lois
morales de l'ordre politique*, par M. Hippolyte Destrem,
2 vol., Paris, 1882, Dentu et Guillaumin, éditeurs.

(2) *Les origines de la France moderne*.

révolutionnaire et il la maudit : il accuse Napoléon d'y avoir apporté tous les principes de la secte maçonnique (*sic*), et d'avoir fait de ces principes « la base des institutions et des lois de son gouvernement ». Mais sous quels principes Napoléon, arrivé au pouvoir en 1800, alors que la révolution de 1789 était accomplie et que l'ancien régime, l'ancienne société n'existaient plus, pouvait-il, devait-il baser les institutions et les lois de son gouvernement ? C'est ce que M. Guénebault a oublié de dire. Il est vraiment fâcheux qu'il ne se soit pas expliqué sur ce point.

Il blâme, comme d'un crime révolutionnaire, Napoléon d'avoir basé les institutions et les lois de son gouvernement sur les principes de la secte maçonnique. C'est faire à celle-ci trop d'honneur. C'est sur les principes de 1789 qu'il eût dû dire.

Puisqu'il condamne comme atteints du virus maçonnique, ce qui est dérisoire, tous les principes de la Révolution, Napoléon eût dû, d'après cette idée folâtre, baser les lois et les institutions du gouvernement qu'il fut appelé à créer sur d'autres principes. Comme il n'avait qu'à choisir entre ceux de la Révolution et ceux de l'ancien régime, autrement dit de la contre-révolution, c'est à ces derniers qu'il eût dû recourir pour refaire la France, la société et aussi le gouvernement. Voyez-vous Napoléon, au moment où le xix° siècle s'ouvrait (*novus seclorum ordo*) allant chercher par delà 1789, sous les décombres de l'ancien régime, du régime féodal, du régime de tous les privilèges et de toutes les inégalités sociales et civiles, de l'intolérance religieuse, de la vénalité des charges, etc., etc., les matériaux qui lui étaient nécessaires pour la reconstruction sociale et administrative, dont la France, confiante en son jeune mais éclatant génie, venait de l'investir. Ce qui existait avant 1789, à une époque où deux cent mille privilégiés (80,000 ecclésiastiques, 110,000 nobles) étaient tout, et où vingt-cinq à vingt-six millions d'hommes n'étaient rien, n'avait rien de commun avec l'ordre de choses sorti de la Révolution qui avait établi, sans exclusion aucune, l'égalité civile. La rupture était complète entre l'ancien droit et le nouveau. Napoléon avait trop de bon sens pour ne pas le comprendre. Il le comprit à merveille ; il se rangea du côté des idées nouvelles ; de l'ancien régime, il ne ressuscita, en les accommodant à son but, que quelques institutions administratives, par exemple le Conseil royal, dont il fit son admirable Conseil d'Etat, les intendants de province, dont il fit ses préfets, la croix de Saint-Louis exclusivement militaire, dont il fit la croix de la Légion d'honneur accessible à tous les mérites, aussi bien aux militaires qu'aux civils. Il n'y a que M. Guénebault et d'autres Epiménides pour vouloir que Napoléon ait agi autrement qu'il a fait.

A en croire son contempteur, Napoléon eut le tort non seulement d'organiser en France une société, un gouvernement, d'après les principes de la Révolution, mais encore celui de répandre ces principes dans toute l'Europe, où ils ont germé. Ces principes étant ceux de la raison, et constituant la civilisation moderne, je crois qu'au lieu de faire un crime à Napoléon d'en avoir été le propagateur, le grand semeur, il faut l'en louer et s'en féliciter.

C'est ce que Chateaubriand a reconnu et proclamé lorsqu'il a écrit, sous la Restauration même : « Buonaparte prépara la liberté future en *domptant* » *la Révolution* et en achevant de détruire ce qui » restait de l'ancienne monarchie. Il laboura tout » ce champ de mort et de débris; sa puissante » charrue, traînée par la Gloire, creusa le sillon où » devait être semée la liberté constitutionnelle. » (1)

Seul en face de son passé, maître de sa pensée, recueilli dans le sanctuaire de sa conscience, n'ayant plus rien à attendre ici-bas, n'ayant qu'à compter sur la postérité, Napoléon, à Sainte-Hélène, s'est expliqué sur sa vie, sur ses actes et sur ses desseins avec une franchise étonnante. Dans ses illustres testaments, comme dit Victor Hugo, conversations et dictées, il s'est complètement dévoilé. (2)

(1) *OEuvres de Chateaubriand.* — (De la Restauration et de la monarchie élective.) Celui qui rendait ainsi hommage au génie civilisateur de Napoléon était pourtant le même qui avait composé en 1814 l'odieux pamphlet *de Buonaparte et des Bourbons.* Lorsque ses princes furent rentrés, il vit tout de suite que c'étaient des nains, et que celui que les événements et son génie avaient mis à leur place était un géant, et il passa de la haine et du dénigrement à l'admiration passionnée. C'est cette admiration qui l'inspirait lorsque dans son dernier discours à la chambre des pairs, le 7 avril 1830, il disait à ses collègues : « Quand vous serez » tombés dans une nouvelle anarchie, pourriez-vous réveiller » sur son rocher l'Hercule qui fut seul capable d'étouffer » le monstre ? De ces hommes fatiques, il y en a cinq ou » six dans l'histoire; dans quelque mille ans, votre postérité » pourra voir un autre Napoléon ; quant à vous, ne l'atten- » dez pas. »

(2) Il rêvait; il dictait d'*illustres testaments.*

Voici comment ces *illustres testaments* sont appréciés, dans l'avant-propos de ses célèbres *rapports militaires* écrits

Un jour, il dit au comte de Las-Cases et à ses autres compagnons d'exil :

« J'ai fermé le gouffre anarchique et débrouillé
» le chaos ; j'ai dessouillé la Révolution, ennobli
» les peuples et raffermi les rois. J'ai excité toutes
» les émulations, récompensé tous les mérites,
» reculé les limites de la gloire. Tout cela est bien
» quelque chose. Et puis, en quoi pourrait-on m'at-
» taquer qu'un historien ne puisse me défendre ?
» Seraient-ce mes intentions ? Mais il est en force
» pour m'absoudre. Mon despotisme ? Mais il dé-
» montrera que la dictature était de toute nécessité.
» Dira-t-il que j'ai gêné la liberté ? Mais il prouvera
» que la licence, l'anarchie, les grands désordres
» étaient encore à la porte. M'accusera-t-il d'avoir
» trop aimé la guerre ? Mais il montrera que j'ai
» toujours été attaqué. D'avoir voulu la monarchie
» universelle ? Mais il fera voir qu'elle ne fut que
» l'œuvre fortuite des circonstances, que ce furent
» nos ennemis eux-mêmes qui m'y conduisirent
» pas à pas.

de Berlin de 1866 à 1870, par le colonel baron Stoffel : « Il
» existe un ouvrage militaire, le plus beau qui soit sorti d'un
» cerveau humain, ouvrage dont le maréchal Marmont a dit :
« Celui qui saura le méditer et le comprendre saura l'art de
» la guerre. » Ce sont les *Mémoires de Napoléon*. Combien
» y a-t-il en France d'officiers qui l'aient étudié ? Chose
» triste à dire, les officiers les plus hauts gradés, ceux qui
» commanderont peut-être demain des divisions ou des corps
» d'armée, en ignorent l'existence. Il en est assurément bien
» peu qui l'aient lu, et, quant à ceux qui l'ont médité, le
» nombre s'en compterait sur les cinq doigts. Or, j'ai trouvé
» en Prusse, pendant un séjour de deux mois, plus d'officiers
» ayant étudié les *Mémoires de Napoléon* que je n'en ai
» rencontré en France pendant vingt-cinq ans. »

» Enfin, sera-ce mon ambition? Ah! sans doute,
» il m'en trouverait beaucoup, mais de la plus
» grande et de la plus philanthropique qui fût
» jamais : celle d'établir, de consacrer enfin l'em-
» pire de la raison, et le plein exercice, l'entière
» jouissance de toutes les facultés humaines. Et ici
» l'historien peut-être se trouvera réduit à devoir
» regretter qu'une telle ambition n'aie pas été
» accomplie, satisfaite. — En bien peu de mots,
» voilà pourtant mon histoire. »

Un autre jour, il dit au docteur O'Méara :

« Je laisserai une grande réputation malgré
» l'immensité de mes revers. J'ai combattu dans
» cinquante batailles que j'ai presque toutes gagnées.
» J'ai écrit et fait appliquer un code civil digne du
» siècle. Je suis devenu par mes œuvres le premier
» souverain du monde. L'Europe a été à mes pieds
» pendant dix années. J'avais une immense ambi-
» tion, je l'avoue; mais elle était froide, toute
» positive, toute nationale. Les événements et
» l'opinion des masses me la donnaient. Comme
» j'ai toujours pensé que la souveraineté réside
» dans le peuple, et que je pense que l'on ne doit
» gouverner que pour lui, et sous son action immé-
» diate, mon gouvernement impérial était une
» espèce de République. Appelé à sa tête par la
» voix de la nation (1), ma maxime fut : Carrière
» ouverte aux talents sans distinction de naissance
» et de fortune. C'est à cause de ce système d'égalité

(1) Le gros public cherche à savoir quelle intrigue a
donné la couronne à Napoléon; ce ne fut pas une intrigue;
ce fut une grande cause, ce fut le besoin d'ordre. (A. Thiers,
National du 25 juin 1830.)

» que les oligarchies m'ont fait une guerre impla-
» cable. La postérité me jugera dans les millions
» d'hommes qui ont vécu sous mes lois et dont
» l'assentiment et l'enthousiasme m'appuyaient. »

Napoléon avait le pressentiment qu'après lui la Révolution qu'il avait arrêtée et domptée, en l'organisant et en l'endiguant, et dont il s'était fait tout à la fois le protecteur et le gendarme, reprendrait son cours. Aussi avait-il dit à Sainte-Hélène : « Quel
» malheur que ma chute ! J'avais refermé l'outre
» des vents ; les baïonnettes ennemies l'ont déchirée.
» Je pouvais marcher paisiblement à la régénération
» universelle ; elle ne s'exécutera désormais qu'au
» milieu des tempêtes... » Ce qu'il disait à Sainte-Hélène, il l'avait dit déjà aux Tuileries. Un jour le comte Molé lui dit : « Sire, vous avez tué l'esprit
» révolutionnaire. — Vous vous trompez, répondit
» l'Empereur. Je ne suis que le signet qui marque
» la page où la Révolution s'est arrêtée. Quand je
» serai mort, elle tournera les feuilles et reprendra
» sa marche. »

Sous l'Empire même, des esprits prévoyants et avisés voyaient dans Napoléon le dompteur et le maître des idées révolutionnaires. De ce nombre était le célèbre diplomate autrichien de Stadion. C'est lui qui, un jour, parlant de Napoléon Ier, l'appela « l'ouvrage de la Fortune et son plus prodigieux effort ». « Tous les maux épars sur la France sont
» rentrés de son fait, comme les enfants d'Éole, dans
» les outres qui les renferment ; mais ils y existent
» comme des vents enchaînés, et pour être sous la
» seule main qui puisse en disposer, ils n'en sont
» pas moins prêts à exciter les mêmes tempêtes. »

La chute de Napoléon, à laquelle M. de Stadion contribua, les déchaîna. Dieu sait s'ils ont soufflé depuis et combien ils souffleront encore. (1)

Je pourrais m'arrêter ici, car je crois avoir suffisamment et amplement réfuté ce que j'appelle en terminant, ainsi que je l'ai appelé en commençant, la *diatribe* dont M. Guénebault s'est rendu coupable à l'égard de Napoléon Ier. A tout il faut une conclusion qui frappe l'esprit et le fixe. Deux hommes d'État considérables, qui furent l'un et l'autre ministres d'une monarchie et aussi membres de l'Académie française, me la fourniront.

L'un est M. Thiers. Voici comment il a résumé, il y aura bientôt un demi-siècle, la vie et le rôle de Napoléon Ier :

« La société française du xviiie siècle, si polie,
» mais si mal ordonnée, finit dans un orage épou-
» vantable. Une couronne tombe avec fracas,
» entraînant la tête auguste qui la portait. Aussitôt,
» et sans intervalle, sont précipitées les têtes les
» plus précieuses et les plus illustres ; génie,
» héroïsme, jeunesse succombent sous les fureurs
» des factions qui s'irritent de tout ce qui charme
» les hommes. Les partis se suivent, se poussent
» à l'échafaud jusqu'au terme que Dieu a marqué
» aux passions humaines ; et de ce chaos sanglant
» sort tout à coup un génie extraordinaire qui saisit
» cette société agitée, l'arrête, lui donne à la fois
» l'ordre, la gloire, réalise le plus vrai des besoins,

(1) « Après Napoléon, a dit M. Guizot dans ses *Mémoires*, de 1814 à 1830 à 1848, la guerre a recommencé. »
Hélas ! elle a recommencé en 1870 par une troisième République et par la Commune ; elle n'est pas près de finir !

» l'égalité civile, ajourne la liberté qui l'eût gêné
» dans sa marche, et court porter à travers le
» monde les vérités puissantes de la Révolution
» française. Un jour sa bannière à trois couleurs
» éclate sur les hauteurs du Mont-Thabor, un jour
» sur le Tage, un dernier jour sur le Borysthène.
» Il tombe enfin laissant le monde rempli de ses
» œuvres, l'esprit humain plein de son image; et le
» plus actif des hommes va mourir, mourir d'inac-
» tion, dans une île de l'Océan. » (1)

L'autre est M. le duc Victor de Broglie, gendre
de Mme de Staël et père du duc actuel. Dans les
dernières années de sa vie il a porté ce jugement
sur l'œuvre de Napoléon :

« On peut tout exagérer, excepté les services
» que le principe monarchique, reconstitué d'abord
» sous un nom d'emprunt (le Consulat), puis bientôt
» sous son nom véritable (l'Empire), nous a rendus
» à cette époque. »

» A la voix du nouveau César, sous sa main
» puissante, tout s'est relevé comme par enchan-
» tement.

» Il a rétabli la société domestique, la sainteté
» du mariage, l'esprit de famille, l'autorité pater-
» nelle.

» Il a rétabli la société civile, le respect des

(1) *Discours de réception à l'Académie française*, le
13 décembre 1831.
Vers le même temps, Victor Hugo, alors dans sa pleine et
pure gloire poétique, saisit l'occasion de son discours de
réception pour se faire le panégyriste de Napoléon. Je
regrette de n'avoir pas en ce moment sous les yeux ce magnifique morceau, j'en aurais cité des extraits bien significatifs.

» personnes, l'ascendant de la justice, la foi des
» contrats, les droits de la propriété ébranlée par
» les confiscations, dévastée par les réquisitions,
» tantôt amoncelée, tantôt éparpillée au hasard par
» les flots mouvants du papier-monnaie.

» Il a rétabli l'administration, en lui imposant un
» caractère d'unité, d'uniformité hiérarchique, un
» degré d'activité, d'énergie, de prévoyance inconnu
» jusque-là, en la projetant sur notre territoire
» comme un vaste réseau, dont les mailles solides
» et serrées ont seules contenu plus d'une fois
» l'ordre social près de se dissoudre.

» Il a rétabli les finances, en instituant un sys-
» tème de contributions bien choisies, bien réparties,
» heureusement combinées, un système de recou-
» vrement intègre et sévère, un service de trésorerie
» ingénieux, souple, fécond en ressources, en
» posant les bases de notre admirable système de
» comptabilité actuel.

» Il a rendu à la civilisation en France son essor
» et sa splendeur en lui rendant ses garanties : les
» cités assainies et embellies, les voies de commu-
» nication devenues sûres, multipliées, cessant
» d'être enfin des précipices et des coupe-gorge;
» les places publiques se couvrant de monuments;
» partout des ports, des bassins creusés à grands
» frais; partout des canaux sillonnant le sol en
» tous sens; des montagnes aplanies, percées ou
» surmontées par des travaux d'art et de magnifi-
» cence; partout l'empreinte d'une activité inépui-
» sable et d'un incomparable génie.

» Enfin cette société française, qu'il avait en
» quelque sorte tirée du bourbier et dégagée de ses

» décombres pour la réédifier sur les bases éter-
» nelles de la nature, de l'équité et de la raison, il
» l'a prise par la main et l'a promenée victorieuse
» dans toutes les capitales de l'Europe ; il s'est
» assis à sa tête sur tous les trônes ; il l'a fait
» reconnaître et honorer par tous les souverains ; il
» l'a fait admirer et envier par tous les peuples. » (1)

A ces jugements, qu'une haute et sereine impartialité a dictés, il me serait facile d'en joindre
d'autres d'une non moindre valeur, celui notamment dans lequel le royaliste libéral Guizot dit que
Napoléon fut « à la fois une gloire nationale, une
» garantie révolutionnaire, et un principe d'auto-
» rité ». A quoi bon ? La question est jugée. Napoléon
reste grand parmi les plus grands ; ce fils de la
jeune France efface tous ceux, même les plus
illustres de la vieille France. Jamais, « depuis
» César et Charlemagne, il n'y eut de plus grande
» existence humaine ». Il apparaît et marche dans
l'histoire, l'égal, et, à certains égards, le supérieur,
des plus éminentes et des plus retentissantes
renommées. « La gloire de la France, a-t-il dit à
» Sainte-Hélène, est de m'avouer. » Elle n'a pas
cessé de l'avouer ; si elle ne l'avouait plus, c'en
serait fini d'elle.

Qu'importent et que valent après cela les efforts
tentés dans ces derniers temps par des écrivains
soi-disant républicains, mais qui ne sont que révolutionnaires ou démagogiques, pour dépopulariser
Napoléon et le déconsidérer ? Ils ne le feront pas
descendre du piédestal indestructible où son propre

(1) *Vues sur le gouvernement de la France,* préface.

génie, l'infortune et la renommée l'ont hissé. Tout aussi stériles seront les injustices et les diatribes de certains royalistes qui, comme M. Guénebault, ont l'*impiété*, le mot n'est pas trop fort, d'injurier celui qui a relevé la couronne et le sceptre du ruisseau sanglant dans lequel ils avaient roulé du haut de l'échafaud, et restauré, suprême bienfait, le principe d'autorité, base essentielle de la société et de la civilisation.

Que sont devenues, qui connaît maintenant les *horreurs* dont une presse passionnée et stipendiée s'est rendue coupable en 1814, en 1815, en 1816 envers l'Empereur tombé? Le mépris public et un oubli absolu en ont fait justice. Il suffira du ridicule pour avoir raison des attaques plus ou moins sottisières d'une certaine presse de nos jours. Ce sont là, ainsi que l'a dit le poëte, des « cris sauvages, des fureurs bizarres ». Pendant que se poussent ces basses clameurs,

> Le Dieu, poursuivant sa carrière,
> Verse des torrents de lumière
> Sur ses obscurs blasphémateurs.

AD. CAILLÉ,

Ancien chef de Bureau au Ministère de la Guerre,
Officier de l'Ordre Impérial de la Légion d'honneur.

Exoudun (Deux-Sèvres), novembre 1886.

APPENDICE

—

Au cours de la publication, dans le journal la *Vendée*, de ma réponse à M. Guénebault, le Directeur de cette feuille, mon honorable ami M. Eugène Roulleaux, crut devoir intervenir. Il lui parut que je m'érigeais en avocat et en défenseur de la Franc-maçonnerie, ce qui n'était pas, et, chose plus grave à mes yeux, il émit l'opinion que les victoires de la Révolution, taxées par M. Guénebault de fantastiques et de maçonniques, étaient dues « à l'ancienne armée de la Monarchie et non aux bandes révolutionnaires. »

Ces deux allégations, aussi peu exactes l'une que l'autre, me portèrent à adresser à M. Eugène Roulleaux la lettre suivante, qui parut dans le numéro de la *Vendée* du 19 septembre 1886 :

Exoudun (Deux-Sèvres), le 7 septembre 1886.

Monsieur le Directeur et bon ami,

La note dont vous avez fait suivre la partie de ma *Réponse* qui a paru dans le numéro de la *Vendée* du 29 août renferme deux assertions qui me visent et que je ne puis accepter, parce qu'elles manquent de justesse et d'exactitude. Je vais vous le démontrer le plus brièvement possible.

Vous y dites que « je prends la défense de la » Franc-maçonnerie, alors que vous vous attendiez » seulement à me voir contester la complicité des » Napoléons avec cette institution absolument » condamnée par les faits. »

Je vous réponds que je n'ai rien écrit qui puisse autoriser à supposer que j'ai saisi l'occasion, en réfutant M. Guénebault, de me constituer le défenseur de la Franc-maçonnerie. Là n'était pas pour moi la question. Je me suis borné à attaquer, comme ne reposant sur aucune base sérieuse et solide, l'opinion de votre collaborateur, de laquelle il résulterait, si elle était fondée, que la Franc-maçonnerie a exercé une influence capitale et décisive sur l'origine et les développements de la Révolution, comme aussi sur le rôle et la destinée de Napoléon Iᵉʳ. J'ai dit et je redis que c'est là une opinion dénuée de toute vérité, absolument paradoxale, inspirée par un esprit et une haine de parti qui ne sont plus de ce temps-ci. Cela faisant, je crois m'être scrupuleusement renfermé dans le programme que je me suis tracé.

Parce qu'en réponse à M. Guénebault, qui a qualifié de *fantastiques* les victoires qui ont signalé les premières guerres de la Révolution et qu'il les attribue à des complicités franc-maçonniques étrangères, j'ai établi que ces victoires ont été aussi réelles que glorieuses, vous m'accusez de m'être fait le panégyriste de cette légende qui a nom la *Nation armée*. Vous ajoutez : « Les succès » militaires de l'époque, ce fut l'ancienne armée de » la Monarchie qui les remporta, et non les bandes » révolutionnaires. »

Les guerres de la Révolution, d'abord contre l'Autriche et la Prusse, puis contre presque toute l'Europe ont commencé en 1792, alors que la Monarchie, transformée de fond en comble par la Constituante, n'existait plus qu'à l'état d'ombre de ce qu'elle était avant 1789. A cette époque-là, ce que vous appelez l'armée de la Monarchie n'était plus également, comme force effective et comme valeur, que l'ombre de ce qu'elle avait été, sous Louis XIV notamment. Quelques années avant la Révolution, elle ne présentait qu'un effectif disponible de 160,000 hommes.

Or, depuis 1789, diverses causes l'avaient fait considérablement baisser, savoir : le licenciement des troupes étrangères, au nombre d'une trentaine de mille hommes, l'indiscipline, la désertion des soldats et l'émigration des officiers. En 1791, au mois de novembre, M. de Narbonne, ministre de la guerre, fit savoir à l'Assemblée législative que *dix-neuf cents* officiers avaient déserté. Dans les premiers mois de 1792 ce nombre avait doublé ; ce fut une débandade générale et une véritable désorganisation.

Alors que l'Autriche et la Prusse se préparaient à assaillir la France avec plus de 170,000 hommes de vieilles troupes, nous n'avions à leur opposer en janvier 1792 que quatre petites armées récemment réunies, et composées d'éléments médiocres, en Flandre, sur la Meuse, sur le Rhin et dans le Midi, d'un effectif d'environ 140 à 150,000 hommes.

Si vous voulez absolument voir dans cette force militaire ce que vous appelez *l'ancienne armée de la Monarchie*, je vous ferai remarquer qu'elle donna, au début de la guerre de 1792, de lamentables exemples d'inconsistance et d'indiscipline. Vous n'ignorez pas les désastreuses affaires de Quiévrain et de Tournay, qui jetèrent l'épouvante en France et présageaient les plus grands malheurs. Nos annales militaires n'offrent pas d'événements plus déplorables, je pourrais dire plus honteux. Cela se passait dans le courant du mois d'avril.

La France, la Patrie, selon le cri de l'époque, était en danger. Il fallait en toute hâte, d'urgence, une armée qui en fût une par le nombre, comme par la valeur, par la discipline et par le dévouement. A défaut de la Monarchie expirante, la Révolution sut la faire surgir du sol et des entrailles de la nation, sous le coup du danger et de la nécessité. Vous ne vous attendez pas à ce que je vous fasse l'histoire de la création vraiment extraordinaire de cette armée qui, sous la Convention, dépassa le chiffre de 500,000 hommes tous enrégimentés.

Il me suffira de vous dire que je n'y vois pas, si ce n'est sur quelques points de l'intérieur, là où il n'y avait que la garde nationale et des agitations locales, ces *bandes révolutionnaires* dont vous arguez pour combattre ce que j'ai écrit des victoires de la Révolution.

Je vous accorde sans peine, si vous y tenez, que les éléments qui entrèrent, surtout dès le commencement, dans la constitution de l'armée nouvelle ne furent pas tous de premier choix. Les 100,000 volontaires de 1791, dits *auxiliaires*, les gardes nationaux mobilisés, les engagés volontaires, les bataillons départementaux, les hommes des levées de 300,000 et en masse n'étaient pas des recrues parfaites. Je connais, pour l'avoir étudiée de près, l'histoire de ce recrutement; j'en connais les difficultés et les inconvénients, et pas plus que vous je n'accepte la légende de la *Nation armée*. Si la France n'eût eu, pour se défendre contre toute l'Europe, que des volontaires et des milices, elle eût immanquablement péri. Elle a triomphé parce qu'elle eut à sa tête, dans les circonstances les plus terribles, des hommes qui voulurent, surent et purent lui donner une armée digne de ce nom.

L'armée nouvelle, bien qu'elle eût arrêté tout court les Autrichiens et les Prussiens en des rencontres mémorables, n'en devint une solide et de tous points redoutable que lorsqu'elle fut unifiée et concrétée en un tout savamment combiné et machiné. Ce fut l'œuvre et le résultat de l'organisation uniforme, connue sous le nom de l'*amalgame*, votée et décrétée par la Convention en février 1793. En exécution de cette mesure, les bataillons de volontaires départementaux furent appelés à entrer, pour deux bataillons contre un bataillon de l'armée régulière, dans l'organisation de ces fameuses demi-brigades de la République qui devinrent les non moins fameux régiments de l'Empire et de la Grande Armée.

Je maintiens donc, nonobstant votre observation et vos *bandes révolutionnaires,* le jugement que j'ai porté, à l'encontre de M. Guénebault, sur la réalité glorieuse des victoires de 1792 et années suivantes qu'il lui a plu de traiter de *fantastiques* et de *maçonniques.*

Si vous voulez bien publier la présente lettre dans un des prochains numéros de votre libérale *Vendée,* vous me ferez grand plaisir.

Agréez, Monsieur le Directeur et bon ami, l'assurance de mes sentiments cordialement dévoués.

Ad. CAILLÉ,

Ancien chef de Bureau au Ministère de la Guerre,
Officier de la Légion d'honneur.

P.-S. — Je tiens beaucoup à établir qu'il n'y eut rien dans les armées qui défendirent la France dans les premières années de la Révolution qui puisse les faire assimiler à des *bandes* et leur valoir l'épithète et la qualification de *récolutionnaires.*

La Révolution, faite République par une déviation violente et malheureuse des principes de 1789, eut à combattre deux sortes d'ennemis, les uns extérieurs, les autres intérieurs. Pour cette besogne double et d'un caractère bien différent, elle eut deux armées qu'il serait injuste de confondre.

La première, la seule, la véritable armée, celle de l'honneur, dont on a dit qu'elle fut alors le refuge, celle qui défendit nos frontières et qui les étendit, qui triompha de tous les obstacles et finit par avoir raison de toutes les attaques, fut une armée nationale, rien que nationale. Il y entra des éléments, des débris de l'ancienne armée de la Monarchie, notamment un élément précieux, ce que j'appellerai l'élément *sous-officier.* Mais ces éléments se trouvèrent noyés dans les appels et les levées qui se succédèrent à partir de 1791. Il en résulta une armée toute nouvelle qui s'aguerrit en allant constamment au feu, qui eut des chefs sortis du rang ou de l'élection, et qui inaugura cette guerre par masses, à mouvements inopinés et rapides que Napoléon devait porter à sa perfection.

Nous pouvons, nous devons tous être fiers de cette armée qui reçut dans ses rangs un million d'hommes, et en admirer les incroyables exploits.

Il y eut une autre armée qui mérite l'épithète et la qualification de *révolutionnaire*, titre sous lequel elle fut formée. Je me garderai bien de la revendiquer et de chercher à la défendre. Elle fut l'armée de la *Terreur* qui l'organisa en septembre 1793 pour exécuter ses ordres sanguinaires dans l'intérieur de la France. Formée à Paris, elle se recruta dans les classes perverses de cette ville et fut en toutes circonstances une force uniquement révolutionnaire. Celle-là je vous l'abandonne et vous laisse libre de la flétrir dans ses hommes et dans ses actes.

Ad. C.

Fontenay-le-Comte, imp. L.-P. Gouraud.